AF627193

MARTIN KORTE
GABY MIKETTA

GUTE IDEE!

MARTIN KORTE
GABY MIKETTA

GUTE IDEE!

IN SIEBEN SCHRITTEN KREATIV DENKEN LERNEN

Deutsche Verlags-Anstalt

MIX
Papier | Fördert gute Waldnutzung
FSC® C083411

Penguin Random House Verlagsgruppe FSC® N001967

2. Auflage

in der Penguin Random House Verlagsgruppe GmbH,
Neumarkter Str. 28, 81673 München
produktsicherheit@penguinrandomhouse.de
(Vorstehende Angaben sind zugleich
Pflichtinformationen nach GPSR)

Grafik: satz-bau Leingärtner, Nabburg
Illustrationen: Maria Herrlich, Berlin
Icon: © AdobeStock/lines of life
Umschlaggestaltung: Favoritbuero, München
Satz: satz-bau Leingärtner, Nabburg
Druck und Bindung: CPI books GmbH, Leck
Printed in the EU
ISBN 978-3-421-07017-3
www.dva.de

INHALT

EINLEITUNG
Oder: Warum Kreativität für uns so wichtig ist ... 7

KAPITEL 1
STAUNEN: Was ist Kreativität ... 17

KAPITEL 2
VERSTEHEN: Wie und wann arbeitet ein Gehirn kreativ ... 39

KAPITEL 3
TESTEN: Wie kreativ bin ich? ... 81

KAPITEL 4
WISSEN: Was stärkt oder schwächt unsere Kreativität? ... 103

KAPITEL 5
ÜBEN: Alltagstraining für jedes Gehirn ... 127

KAPITEL 6
LERNEN: Kreativitätstechniken, die Ihnen helfen ... 149

KAPITEL 7
DENKEN: Strategien für eine kreative Gesellschaft ... 181

ANHANG

Übungsblätter 209

Zum Weiterlesen, Schmökern
und Sich-anregen-Lassen zu eigener Kreativität 233

Fachliteratur zu Kapitel 2 Verstehen 237

Rechtenachweis 240

EINLEITUNG

Oder: Warum Kreativität für uns so wichtig ist

»Kreativität ist Intelligenz, die Spaß hat.«

Albert Einstein, Physiker (1879–1955)

Lassen Sie sich was Neues einfallen! Kannst du mal was anderes kochen! Wir brauchen frische Ideen!

Kommen Ihnen diese Aufforderungen irgendwie bekannt vor? Wenn die Umsetzung nur so einfach wäre …

Dabei durchströmen täglich Tausende von Gedanken unser Bewusstsein, wie Neurowissenschaftler schätzen. Die meisten werden wir allerdings bereits nach wenigen Sekunden nicht mehr erinnern oder rekapitulieren können, falls wir sie überhaupt jemals bewusst registrierten. Sie verschwinden in den Weiten unserer neuronalen Netzwerke. Das ist auch gut so, denn sonst wäre unser Gehirn heillos überfordert. Es arbeitet ökonomisch und nicht mehr als nötig. Deshalb lieben unsere etwa 86 Milliarden Nervenzellen im Kopf Gewohnheiten und routinierte Denkpfade. Was sich bereits mehrfach als gut erwiesen hat – oder mit einer kurzfristigen Belohnung assoziiert war –, das machen wir gerne weiter so. Obwohl wir wissen, dass dies, wie beim abendlichen Snacken oder ständigen Handy-Daddeln, langfristig nicht immer gut für uns sein muss. Wir lieben Denkschubladen und orientieren uns an dem, was uns keinen sofortigen offensichtlichen Schaden, sondern Nutzen oder Genuss gebracht hat.

Der amerikanische Begründer der Biopsychologie, William James, stellte schon vor über hundert Jahren fest, dass 85 Prozent von dem, was wir im Laufe eines Tages entscheiden, unbewusste Gewohnheiten und Routinen sind. Und solange nicht eine Baustelle den Weg zur Arbeit versperrt oder der Netzwerkadministrator am Morgen ein neues Passwort von uns verlangt, kommen wir mit dieser Art von unangestrengten Automatismen gut durch den Tag, oft auch eine ganze Weile durchs Leben.

So weit ist alles gut, und dieses Buch könnte hier enden.

Doch wir wissen, dass unser Leben nicht allein aus Routinen besteht; weder im Beruf noch im privaten emotionalen Miteinander.

Rahmenbedingungen ändern sich, manchmal schnell, manchmal schleichend. Plötzlich müssen Eltern und Kinder ein Leben als Patchwork-Familie organisieren, weit entfernt von dem, was man sich vielleicht jahrelang vorgestellt hat, wünschte oder erhoffte. Im Job müssen neue Märkte erschlossen werden, möglichst digital. Die Traditionsfirma wird an einen ausländischen Konzern verkauft, und Arbeitsabläufe sollen völlig neu strukturiert werden. Und für all diese Prozesse bedarf es eines Umdenkens, Neudenkens, kurz Kreativität. Jetzt ist flexibles Denken gefragt, um für die veränderte Situation neue Lösungen zu finden – jenseits der eingeübten Denkpfade. Wie aber denkt man kreativ und lernt, originelle Ideen zu generieren?

Die gute Nachricht ist: Kreativität kann man lernen.

In und mit diesem Buch können Sie sich selbst beibringen, originell, inspiriert zu denken und dadurch neue Lösungswege zu entwickeln – egal, ob es darum geht, wie wir das digitale Lernen unserer Kinder gestalten, uns selbst nicht im Multitasking zu verirren oder Neuerungen am Arbeitsplatz zu etablieren. Und auch: Wie halten wir im Alter unser Gehirn flexibel, um Veränderungen anzunehmen und angemessen darauf zu reagieren?

Erfolgsfaktor »Weiterdenken«

»Wow, wie sind Sie denn darauf gekommen?« Das ist ein Kompliment, wenn Sie es gesagt bekommen. Neue Denkwege erschließen, mal »querdenken« im positivsten Sinne, drauflos spinnen, vorzugehen wie beim Experiment »grüne Wiese«: Nichts ist vorgegeben, jede Denkrichtung erlaubt, um eine Fragestellung zu beantworten, alles darf hinterfragt werden – das ist heute *der* Erfolgsfaktor im Privatleben ebenso wie im Beruf. Und auch als Gesellschaft suchen wir nach neuen Lösungen für die großen Probleme unserer Zeit. Beim Klimawandel, der Energiewende, beim Fachkräftemangel, in Wirtschaftsorganisation und bei gesellschaftsrelevanten Themen wie der Flüchtlingskrise sind neue Denkansätze gefragt. Vielleicht sogar überlebenswichtig.

Wie war das noch mal

Wie sieht für Sie ein kreativer Moment oder Nachmittag aus? Was benötigen Sie dafür? Wenn Sie sich an ein Erlebnis erinnern, bei dem Sie eine gute Idee hatten, was fällt Ihnen spontan ein? Wo geschah es? Wann? Wie haben Sie sich gefühlt? Wer war dabei?

Wie aber funktioniert kreatives Denken? Und was ist das überhaupt? Wie kann man sein Wissen kreativ für Problemlösungen jeder Art nutzen?

Was bedeutet Kreativität?

Kreativ sein – darunter verstehen die meisten Menschen jemanden, der besonders künstlerisch begabt ist: Maler, Musiker, Designer, Romanautoren, Künstler eben. Oder Menschen, die gerne basteln, die ein Auge haben z. B. für harmonische Einrichtungen oder die besondere Architektur eines Hauses. Kreativität kann aber sehr unterschiedlich aussehen:

Erfinder suchen nach neuen Lösungen, prüfen und verwerfen Ansätze, gehen also ganz analytisch und mit viel Fachwissen an Aufgaben heran.

Andere Menschen sind Meister der Improvisation. Sie denken schnell um und orientieren sich an neuen Gegebenheiten. Sie sehen Lösungen, wo andere sich lange plagen, eine veränderte Situation zu akzeptieren, etwa bei einem angedrohten Streik – bei der Bahn, im Nahverkehr – oder wenn Klimakleber den Weg zur Arbeit mit dem Auto unmöglich machen. Oder die Corona-Pandemie, die ungeheure kreative Kräfte freisetzte, weil von einem Tag auf den anderen viele alte Regeln nicht mehr galten. Wie schnell stellte sich die Gastronomie auf Lieferdienste um. Wie radikal orientierten sich Arbeitnehmer neu und arbeiteten, wenn irgend möglich, von zuhause. Diese schreckliche Krise, die Millionen Menschen das Leben kostete und unser gesellschaftliches Leben komplett auf den Kopf stellte, akzelerierte ab 2020 den disruptiven Wandel.

Viele Branchen erleben dies: Banken, Handel, Verkehr, Reisen, Wohnen, medizinische Versorgung, Bildung, Medien – alles ändert sich, und nicht nur gefühlt, auch tatsächlich immer schneller. Zudem übernimmt die Künstliche Intelligenz immer mehr Aufgaben, die noch vor fünf Jahren von wertgeschätzten gut bezahlten Mitarbeitern erledigt wurden.

Schnelles Umdenken, intelligente Alternativen finden – auch das ist eine kreative Qualität. Ebenso wie Fehler machen zu dürfen – eine *der* Grundvoraussetzungen für Kreativität und neues Denken.

IHRE MEINUNG IST GEFRAGT:

Was meinen Sie?

	Ja	**Nein**
Kreativ denken, kostet kaum Geld	☐	☐
… ist anstrengend	☐	☐
… kann jeder	☐	☐
… stärkt das Selbstbewusstsein	☐	☐
… schafft Nähe und Vertrauen	☐	☐
… macht glücklich	☐	☐
… macht Eindruck	☐	☐
… ist unnötig	☐	☐
… ist in jedem Beruf hilfreich	☐	☐
Wer einmal gelernt hat, kreativ zu sein, verlernt es nicht wieder – so wie Fahrradfahren	☐	☐

»Kreativ sein« bedeutet, sich von vorhandenem Wissen zu befreien und dadurch Neues zu generieren, ohne in alten Strukturen verhaftet zu bleiben. Der Bruch mit »Altem« (etwas im kulturellen oder persönlichen Gedächtnis Verhaftetes), der Perspektivwechsel ist geradezu programmatisch für kreative Prozesse. Aber es stellt sich auch die Frage nach der richtigen Balance von Stabilität und Kreativität, denn keiner möchte einen Chef, der jeden Tag mit irgendeiner spontanen Idee zur Arbeitsorganisation den eigenen Berufsalltag völlig umkrempelt. Ebenso wenig lieben es Kunden beim Einkaufen, wenn die Produkte plötzlich neu sortiert und in anderen Regalen zu finden sind. Auch als User im

Internet empfänden wir es doch befremdlich, wenn unsere bewährte Nachrichten- oder Nahverkehrs-APP jede Woche ihre Webseite kreativ umorganisieren würde.

Was dieses Buch bietet

Wie aber lernt man nun, diesen Perspektivwechsel vorzunehmen, um die Ecke zu denken, kurz: kreativ an Problemstellungen heranzugehen? Auf dem Buchmarkt finden Sie einige Bücher, die Kreativitätstechniken erklären und ebenso eine ganze Reihe von Übungsbüchern für den Hausgebrauch. Auch Bücher, die das Gehirn und seine Funktionen bei kreativen Prozessen erläutern, sind im Handel. *Gute Idee! In sieben Schritten kreativ denken lernen* will diese Ebenen zusammenführen und Ihnen zeigen, wie Ideen im Gehirn entstehen und welche Voraussetzungen gegeben sein müssen, damit Ihr Gehirn bereit ist, diese Leistung zu erbringen. Dieses Buch bietet keine einfachen Lösungen oder simple Anleitungen, um kreativer zu denken. Vielmehr liefert es Hintergrundwissen, wie kreatives Denken funktioniert, erklärt, was dabei im Gehirn geschieht, und leitet Sie ganz konkret dazu an, Ihre Bereitschaft zu kreativem Denken individuell zu trainieren und mit Hilfe von ausgewählten Kreativitätstechniken spezifisch auszubauen. Das ist ein komplexer Prozess: Das Versprechen, dass das per Knopfdruck morgen funktioniert, werden Sie hier nicht finden. Übung und ein wenig Geduld sind gefragt, bis man einen gewissen Leistungsgrad erreicht.

Perspektivwechsel

Diskutieren Sie 5 Minuten mit sich selbst – führen Sie einen inneren Dialog über ein Thema, das Sie bewegt. Nehmen Sie die Perspektiven anderer ein – Ihres Kindes, Ihres Partners, Ihrer Kollegen, Ihres Chefs, Ihrer Eltern, eines Barkeepers …

In Kapitel 1 STAUNEN wollen wir zunächst darüber aufklären, was Kreativität eigentlich bedeutet, und gegen einige Klischees angehen. In Kapitel 2 VERSTEHEN werden wir darstellen, wie Ideen in unseren Gehirnen entstehen. In Kapitel 3 TESTEN wird Ihnen ein Fragebogen dabei helfen, genauer darüber nachzudenken, welche Faktoren für Sie persönlich wichtig sind, um neue Einfälle zu entwickeln, während in Kapitel 4 WISSEN jeder von Ihnen entdecken kann, welche Kontexte für ihn persönlich entscheidend sind, um kreativ zu sein.

In den Kapiteln 5 ÜBEN und 6 LERNEN finden Sie Anleitungen, mit denen Sie sich selbst in den unterschiedlichsten Lebenssituationen ein Übungsprogramm zusammenstellen können, um je nach Fragestellung neues Denken zu etablieren. Frei nach der Erkenntnis der US-amerikanischen Schriftstellerin und Bürgerrechtlerin Maya Angelou: »Du kannst die Kreativität nicht aufbrauchen. Je mehr du sie benutzt, desto mehr hast du.«

Hier finden Sie auch wissenschaftliche Einschätzungen, welche Kreativitätstechniken bei welcher Fragestellung und welcher Gruppenkonstellation sinnvoll sind.

Im letzten Kapitel, 7 DENKEN, schauen wir über den Tellerrand des persönlichen Nutzens von Kreativität hinaus: Hier geht es um Strategien für mehr Kreativität in Schule, Erziehung und der Gesellschaft.

In der Randspalte finden Sie in den meisten Kapiteln kleine »Aufwärmübungen« zum Dehnen der »geistigen Denkmuskeln«. Sie aktivieren assoziatives Denken oder lenken Ihre Aufmerksamkeit auf bestimmte Aspekte und sprechen bestimmte Hirnfunktionen gezielt an. Manchmal sollen Sie einfach nur Entspannung bringen oder zum Lachen anregen. Einzeln mögen Ihnen diese kleinen Aufwärmübungen zum Teil trivial erscheinen, aber unbewusst und öfter, als Sie denken, freuen sich Ihre Hirnzellen über die Ablenkungen, verknüpfen sich neu und danken Ihnen dieses kleine Jogging im Kopf.

In einigen Kapiteln finden Sie auch komplexere Übungen, deren Lösungen zum Teil mühsamer erarbeitet sein wollen. Natürlich müssen Sie diese Übungen nicht absolvieren, aber sie sind in der Abfolge gezielt so angeordnet, dass sie den Inhalt des Buches sinnvoll ergänzen, und auch hier gilt: Nichts geht über Probieren! Sie entscheiden. Auf jeden Fall sollen sie Ihnen Freude machen. Das ist sozusagen bereits die erste Lernübung: Kreativität sollte Spaß machen – unter Druck ist der Anfang für die meisten beschwerlich.

Zudem haben uns Menschen mit unterschiedlichsten Berufen erzählt, was es für sie bedeutet, kreativ zu sein und um die Ecke zu denken. Sie berichten in diesem Buch, wann, wo und unter welchen Bedingungen sie neue Out-of-the-box-Ideen produzieren. Sie werden staunen, wie unterschiedlich die Herangehensweisen sein können. Lesen Sie wie der 3-Sterne-Koch Jan Hartwig neue Rezepte kreiert, wie der Ingenieur Thorsten Werner auf einer Baustelle plötzlich auftretende Probleme löst oder der Verleger und Unternehmer Dr. Dirk Ippen innovativ in die Zukunft denkt.

Neu sortieren

Wie könnte eine Sammlung Ihrer Lieblingsrezepte als Buch aussehen? Wie Bücher eben sind oder in Form einer runden Pizza, oder sollte man es von hinten nach vorne lesen, oder ist es nach Gerichten (mit Fleisch, vegan, glutenfrei) geordnet oder nach Tagen, Monaten, Stimmungen oder nach flachen Gerichten und gehäuften oder nach Kohlenhydraten, Eiweiß, Fett, Zucker? Wonach würden Sie Ihre Rezepte sortieren?

Und noch ein Hinweis: Sie müssen dieses Buch keineswegs in der Reihenfolge der Buchkapitel lesen. Sie können mit jedem beliebigen Themenbereich beginnen, der Sie besonders interessiert. Mit den wissenschaftlichen Erklärungen über die Funktionsweise des Gehirns oder den Techniken und Übungen, die unsere grauen Zellen auf Kreativität programmieren.

Was Kreativität braucht

Eins ist ganz wichtig: Es ist ein Mythos, dass Kreativität nur im abgeschiedenen Kämmerchen entsteht. Dieses Bild bedient das Klischee des mittellosen Künstlers, der sich allein in Malerei oder Musik mitteilt. Vincent van Gogh gilt als ein Beispiel des einsamen verkannten Künstlers. Er verkaufte zu Lebzeiten nur wenige seiner Bilder. Allerdings war er keinesfalls völlig isoliert und pflegte wohl auch in gewissem Rahmen Freundschaften, etwa zu seinem Kollegen Paul Gauguin, mit dem er sich später allerdings bitter zerstritt. Kreativität ist ein sozialer Akt. Der schöpferische Geist benötigt den Diskurs.

Wenn wir lernen wollen, verschiedene Lösungsstrategien und prinzipiell unterschiedliche Denkmethoden anzuwenden – in der Gruppe oder alleine –, dann bedarf es der Interaktion mit der Umwelt, Begegnungen mit anderen Menschen – und vor allem auch mit uns selbst. Nur so erhalten wir die Flexibilität und Plastizität unseres Gehirns, die beide unverzichtbar für kreatives Denken sind.

Für wen dieses Buch ist

Kreativität kann jedem in jeder Lebenslage von Nutzen sein: sei es bei der Akquise neuer Mitarbeiter, dem Entwurf für eine ungewöhnliche Einladung zur Weihnachtsfeier in der Firma, dem Umbau des geerbten alten Häuschens, dem Prospekt des Gartenbaufachbetriebs, dem Plakat des Konditors an der Ecke, dem Forschungsprojekt eines Wissenschaftlers, dem Referat einer Schülerin, der Präsentation des Studenten, der Bewerbung der Kunsthistorikerin auf den ersten Job oder dem Podcast eines Schauspielers. Oder bei der Reorganisation eines Unternehmens, die ein Konzernchef vorzunehmen hat. Selbst Fußballer lernen heute selbstverständlich kreatives Umdenken im Training. Alles wird dynamischer, schneller und eben auch origineller. Profis wie Amateure müssen blitzartig neue Räume und Situationen erkennen und fix wie flexibel neue Lösungswege einschlagen – eben das Gegenteil von »Schema F«.

Unternehmer, Ingenieure, Wissenschaftler, Marketing-Experten, Public-Relations-Spezialisten, Journalisten, Start-up-Gründer, Social-Games-Produzenten, Künstler, Kommunikationsexperten, Werbespezialisten – jeder von uns sucht zeitweilig nach Lösungen, die andere überzeugen, schlicht nach neuen frischen Ideen und außergewöhnlichen Denkansätzen. Und zwar immer dann, wenn nicht nur automatisierte Abläufe zu tätigen, sondern überraschende, außergewöhnliche Denkansätze gefragt sind. Kreative Menschen sind ein Erfolgsfaktor in jeder Firma auf jeder hierarchischen Ebene – vom Chef bis zum Azubi.

Unsere wichtigste Botschaft

Kreativität kann jeder lernen. Es ist keine angeborene Begabung. Oder besser: nicht nur. Wer kreativ denken lernen will, benötigt ein ausgeklügeltes Training ebenso wie viel Übung, wie wir es vom Sport her kennen und auch akzeptieren. Denn nur wer viele Wochen lang motiviert trainiert, wird erfolgreich an einem Halbmarathon teilnehmen können, wenn er zuvor allenfalls einen Spaziergang von drei Kilometern bewältigt hat.

Gedicht zum Nachdenken

Zweifle nicht
an dem
der dir sagt -
er hat Angst

aber hab Angst
vor dem
der dir sagt
er kenne keine Zweifel

Erich Fried

Wie man also lernt, die Denkrichtung zu ändern, gewohnte Denkpfade zu verlassen, neue Ideen zu generieren, weiterzuspinnen und zu bewerten und was unser etwa drei Pfund schweres Gehirn dabei leistet, erfahren Sie hier.

»Das haben wir schon immer so gemacht. Das haben wir noch nie so gemacht« – dieses Denken wird die Welt nicht zum Besseren verändern und uns auch persönlich nicht voranbringen. Zu schnell ändern sich die Rahmenbedingungen unserer Welt, und wenn wir diese erhalten wollen, müssen wir kreative, tragfähige und nachhaltig wirkende Ideen entwickeln. Fangen wir also an!

KAPITEL I

STAUNEN: Was ist Kreativität

»Kreativität kann fast jedes Problem lösen. Der schöpferische Akt, die Überwindung der Gewohnheit durch Originalität, überkommt alles.«

George Lois, Artdirector (1931–2022)

Woher hatte der spanische Architekt Antoni Gaudí (1852–1926) die Idee, Fenster in seinen Baukunstwerken wie in der Sagrada Familia und der Casa Batlló in Barcelona keineswegs viereckig zu gestalten, sondern sphärische und unfassbar farbenfrohe Formen aller Art zum Einsatz zu bringen? Diese Fenster entsprechen keinesfalls dem, was Kinder zeichnen, wenn wir sie bitten, ein Fenster zu malen. Überhaupt erfüllen Gaudís Werke nicht die standardisierten, uns selbstverständlich erscheinenden Kriterien von Architektur.

Der kanadisch-amerikanische Architekt Frank Gehry (geboren 1929) vermeidet in seinen Bauten gerade Wände. Geschwungene Formen wie beim Guggenheim Museum in Bilbao oder dem Vitra Design Museum in Weil am Rhein sind sein Markenzeichen. Die Walt-Disney-Konzerthalle in Los Angeles ahmt eine Wellenform nach; das Lou Ruvo Center for Brain Health in Las Vegas ähnelt optisch stark der äußeren Form eines Gehirns. Für unsere an bekannte Häuserformen gewöhnte Augen haben die Gehry-Bauten einen ikonischen Charakter. Wer sie sieht, vergisst sie nicht.

Aber auch auf einer etwas kleineren Ebene – nicht minder

erstaunlich – entsteht Neues: In Kitas bauen Kinder ein Spielhaus aus Eierkartons, in Panama entstanden Häuser aus rund 10 000 handelsüblichen Plastikflaschen. Das Bottle Village Project ist zeit- und kosteneffektiv, und die luftgefüllten PET-Flaschen isolieren erstaunlich gut. In der französischen Normandie entstehen Recyclinghäuser aus Autoreifen! Eine wirklich verblüffend simple Idee setzten 2023 fünf Studentinnen der Universität Hohenheim um. Sie entwickelten eine nachhaltige essbare Verpackung aus Eierschalen, zum Beispiel für Tütensuppen. Einfach Wasser drauf und die Verpackung löst sich auf, ohne Müll zu hinterlassen. Die zermahlenen Eierschalen wurden zuvor mit Eiweiß, Wasser und Bindemittel vermischt und dann im Ofen getrocknet. Bei 20 Milliarden Eiern, die in Deutschland jährlich verspeist werden, besteht an diesem Rohstoff kein Mangel. Die Idee ist wirklich clever.

Die Liste ließe sich seitenlang fortführen, weil eigentlich überall erstaunliche Ideen entstehen. Meist bleibt die simple Frage: Wie seid ihr nur darauf gekommen?

Wer bin ich?

Wenn Sie Ihren Charakter einem Tier zuschreiben sollten, welches wäre es?
Wie sehen Sie sich? Welche Eigenschaften schreiben Sie dem Tier zu?
Was wäre Ihr Lebenspartner oder Ihre Lebenspartnerin? Entscheiden Sie spontan, was Sie gerne sein wollen: Schildkröte, Tiger, Elefant, Spitzmaus, Eisbär, …?
Lange zu überlegen, ergibt keinen Sinn.

Kommt Kunst von Können?

Einzigartigkeit und eine spezielle Handschrift zeichnen Künstler per se aus, aber es gibt einige, da steht die Idee, etwas auffällig Neues zu schaffen oder schaffen zu müssen, stärker im Fokus als bei anderen. Stellvertretend für viele Künstler seien hier die Maler Georg Baselitz, Gerhard Richter und Gotthard Graubner genannt; alle drei bekannt für einen augenfälligen charakteristischen Kunststil, der ein wenig aus der Not geboren wurde.

Baselitz (geboren 1938) stellte seine Bilder Ende der 1960er und in den 1970er Jahren im wahrsten Sinne des Wortes auf den Kopf. Er malte seine Figuren einfach verkehrt herum, auf dem Kopf stehend, also abstrakt. Richter (geboren 1932) perfektionierte in dieser Zeit seine fotorealistischen Abmalungen. Er verwischte seine Pinselstriche, so wirkte das Bild nicht mehr wie ein Foto, sondern abstrakter. Eine Verfremdungstechnik, die ihn weltberühmt machte. Graubner (1930–2013), mit Richter befreundet, spannte die Leinwand für seine Bilder über dicke Lagen von Watte und synthetischen Stoffen – so entstanden in den 1960er Jahren seine charakteristischen dreidimensionalen, objekthaften »Kissenbilder«. Farbe und Form mischen sich zu Bild und Skulptur.

Alle drei – Baselitz, Richter, Graubner – setzten sich mit ihrem Stil, mit ihren neuen Ideen von anderen Künstlern ab. Warum? Weil man auffallen musste, um in jener Zeit in der Kunst seinen Platz zu finden. Natürlich haben die hier genannten Künstler ein viel reicheres Repertoire und viele weitere Entwicklungen durchgemacht als hier skizziert. Was man an den drei Beispielen aber sieht: Großes entsteht, wenn man es anders macht als die anderen oder das Bedürfnis spürt, es anders machen zu müssen.

Die vielen Dimensionen des Begriffs Kreativität

Einfallsreichtum, Originalität, Vorstellungsvermögen, Schaffenskraft, Fantasie, Genialität, Erfindungsgabe, … Allein die vielen Synonyme des Wortes Kreativität zeigen auf, wie unterschiedlich wir sie definieren. Ist etwas kreativ, wenn es etwas Besonderes ist oder einzigartig, originell, ideenreich, innovativ erschaffen wurde? Oder wenn das vermeintlich Unmögliche dadurch möglich wird? Ist sie ein schöpferischer, spiritueller Akt? Braucht es eine Inspiration, was etwa »Einhauchung« bedeutet? Sind Menschen bereits kreativ, wenn sie das Übliche variieren? Oder müssen sie dazu erst etwas Neues kreieren, etwas von Dauer und Wert erschaffen haben? Oder gar eine eigene Kreation erstellt haben, die auch urheberrechtlich geschützt ist?

Dies alles sind wertaufgeladene Schlagworte, die dennoch nur begrenzt den Kern dessen erfassen, was Kreativität ausmacht.

Der Begriff leitet sich aus dem Lateinischen *creatio* – Schöpfung – ab und bezeichnet eine Fähigkeit, produktiv gegen Regeln zu denken und Neues zu erschaffen, aus dem wir Nutzen ziehen können. Das ist eine Art offizielle Umschreibung, die noch auf Immanuel Kant zurückgeht (Kritik der Urteilskraft).

»Kreativ sein« wird konnotiert mit Fantasie, Witz, Intellektualität oder zumindest mit einer handwerklichen Begabung wie Malen, Kochen oder Schreinern. Es wird gehandelt wie eine Geheimformel. Es entzieht sich der exakten Verortung und einfachen Erklärungen.

KREATIVTRAINING

Was fällt Ihnen spontan ein?

Vervollständigen Sie diese kleine Ideensammlung. Welche Worte umschreiben Kreativität?

Natürlich wird wissenschaftlich intensiv untersucht, was genau Kreativität ist. Aber seit dem Jahr 2000 sind gerade einmal 30 000 Fachartikel zum Thema erschienen. Klingt nach viel? Nicht im Vergleich zu den Publikationen aus anderen Forschungsfeldern: Innerhalb der letzten 15 Jahre wurden mehr als 1,8 Millionen wissenschaftliche Publikationen veröffentlicht, die das Stichwort »Kaffee« enthielten. Dagegen wird Kreativität, diese so wichtige und neben der Sprache menschlichste aller kognitiven Tätigkeiten, eher stiefmütterlich behandelt. Dieser Umstand ist misslich und wahrscheinlich der Tatsache geschuldet, dass Kreativität sich mit den reduktionistischen Werkzeugen einer sezierenden Wissenschaft in Laborsituationen nur schwer untersuchen lässt. Die eine festgelegte Kreativitätsforschung existiert nicht.

Kreativität ist ein gedankliches Monster, manchmal kaum wahrzunehmen, mal drohend vor einem stehend. Es ist ein unglaublich riesiges Geflecht von unterschiedlichen Erklärungsansätzen, Einstellungen, Perspektiven. Die Religion betrachtet Kreativität aus einem völlig anderen Blickwinkel als die Ökonomie, die Pädagogik sieht andere Punkte als die Philosophie, der Psychologe erforscht Kreativität unter anderen Aspekten als der Neurobiologe, der Künstler versteht etwas gänzlich anderes darunter als der Handwerker.

Sind die Aktivistinnen und Aktivisten der »Letzten Generation«, auch »Klima-Kleber« genannt, kreativ, weil sie Anfang 2022 für sich einen Weg entdeckten, Aufmerksamkeit für ihr Anliegen zu generieren? Diese Beurteilung dürfte vom ideologischen, politischen und juristischen Standpunkt abhängen.

Jeder von uns entwickelt eine persönliche spezifische Vorstellung davon, was »kreativ sein« und »kreativ leben« bedeutet. Und das ist auch gut so.

Nur durch diese Vielfalt bleibt Kreativität der Motor für die

Zukunft, für gesellschaftliche, wirtschaftliche, ökologische und kulturelle Entwicklung.

Kreativität ist aber auch der Motor der Evolution für die Entstehung der unterschiedlichen Arten und der speziellsten Ausformungen des Lebens: der schnelle Gepard und das gemächliche Faultier, die zwei Gramm schwere Etruskerspitzmaus und der 190 Tonnen schwere Blauwal, der Wanderfalke und der Tiefseeoktopus, die geselligen Delfine und die eher einsamen Schildkröten.

Genmutationen befeuern die Kreativität in der Natur in reinster Form. Die Selektion – nicht jede genetisch neue Variante ist tauglich, manche auch eine Sackgasse – sortiert nach Nützlichkeit und Anpassungsfähigkeit. Hier ähneln allein schon die Begrifflichkeiten den oben genannten Beschreibungen dessen, was Kreativität ausmacht. Der Konsens ist: Die Wissenschaft bezeichnet etwas als kreatives Denken, wenn etwas NEUES und zugleich NÜTZLICHES dabei generiert wird. Diese Definition grenzt ein wenig das ab, was wir als Kunst bezeichnen. Kunst muss nicht nützlich sein, außer dass sie unser Leben bereichert, auf gesellschaftliche Missstände hinweist, uns erfreut, uns zum Nachdenken anregt – sicher eine andere Art von Nutzen für die Gesellschaft und jeden Einzelnen von uns.

Gourmetidee

Sandwich mal anders: Wie könnte diese Zwischenmahlzeit, bestehend aus zwei zusammengeklappten Scheiben Brot und dazwischen üppig belegt, noch schmecken? Inside out? Rund aufgetürmt, püriert …? Überlegen Sie noch fünf weitere Möglichkeiten.

Die Basis ist: Kreativität ist ein ganz natürlicher Teil des Lebens. Sie ist überall auf der Welt vorhanden, in den einsamsten Winkeln pazifischer Inseln ebenso wie in den Millionenmetropolen aller Kontinente.

Wenn man es genau betrachtet, ist alles um uns herum aus kreativen Ideen entstanden. Die Glühbirne ebenso wie neue LED-Leuchten, die Gartenanlagen im alten Ägypten ebenso wie moderne vertikale Gärten als Fassadenbegrünung, die ersten runden Radscheiben der Sumerer 3500 v. Chr. und die Elektro-Fahrräder, die erst seit einigen Jahrzehnten für die Allgemeinheit verfügbar sind. Immerhin wurde bereits 1817 ein Patent darauf angemeldet.

Kreativität ist viel mehr als Kunst

Die Versuche, Kategorien von Kreativität zu unterscheiden, wirken bemüht. Als »Big-C-Kreative« bezeichnet man Menschen, die als Künstler und Künstlerinnen Herausragendes darstellen und die in der Öffentlichkeit berühmt oder bekannt geworden sind, deren Kreativität also anerkannt ist. Sie zeichnen sich wohl durch ein besonderes Talent aus, meist in den Bereichen bildende Kunst und Naturwissenschaften. Als Komponisten und Musiker sind hier zu nennen: Beethoven, Bach, die Beatles. In den Naturwissenschaften sind es – um einige Beispiele zu nennen – vielleicht: der Molekularbiologe Francis Crick, die Physiker Albert Einstein und Richard Feynman, die Chemikerin und Physikerin Marie Curie, die Biochemikerin Christiane Nüsslein-Volhard, der Paläogenetiker Svante Pääbo. Sie alle erhielten für ihre Forschung und Entdeckungen den Nobelpreis. Der italienische Künstler Michelangelo (1475–1564) war in vielerlei Hinsicht bemerkenswert, da er in gleich mehreren künstlerischen Gebieten überaus kreativ, produktiv und erfolgreich war: als Bildhauer, Maler, Architekt und Dichter. Der britische Schriftsteller John Ronald Reuel Tolkien (1892–1973) war seit seiner Jugend ein Sprachengenie, sprach selbst Altenglisch, Gotisch, Latein, Griechisch, Finnisch, Spanisch, entwickelte aber auch mehrere eigene Sprachen. Intensiv beschäftigte er sich mit der Mythologie. So erschuf er in seinen Büchern eine ganze eigene Fantasiewelt: 1937 erschien das Kinderbuch *Der Hobbit*, 1954 wurde *Der Herr der Ringe* veröffentlicht. Tolkien begründete damit die moderne Fantasy-Literatur.

Als »Little-C-Kreative« bezeichnen wir Menschen, die im Alltag kreativ sein und denken müssen: Unternehmer, Köche, Handwerker, Manager, Journalisten, Texter, Experten für Werbung, Kommunikation, Öffentlichkeitsarbeit, Marketing sowie alle Mütter und Väter, insbesondere Alleinerziehende – und viele, viele andere Berufe und Berufungen.

Aber wer entscheidet über Big- oder Little-C? Die Historie, der gesellschaftliche Sinn, der wirtschaftliche Nutzen? Die Unterscheidung bleibt kryptisch ebenso wie die Bemühungen von Firmen, mit Kursen für Kreativtechniken, Bällebädern und stylischen Büros vielleicht doch den Sprung vom kleinen zum großen »C« zu schaffen.

KREATIVTRAINING

Was sehen Sie?

Sie sehen eine Reihe von Buchstaben, lauter K's, der Anfangsbuchstabe von Kreativität. Lässt sich Ihre Wahrnehmung täuschen?

K K K K
K
K K K K
K
K K K K

Sehen Sie auch das E?

Höhere Mächte und kulturelle Einschätzungen

Apollon steht als griechischer Gott in der Mythologie für Kreativität, Kunst, Musik, Poesie und Licht und auch für die Heilkunst. Als Sohn von Göttervater Zeus war er sehr machtvoll. Allerdings nicht nur der Musik – er verzauberte Götter und Menschen mit seiner Lyra – und den Künsten zugetan, sondern auch dem Leid. Er schickte den Griechen die Pest und half bei der Tötung des Achilles, da er den Pfeil von Paris auf die einzig verwundbare Stelle, die Ferse, lenkte.

Saraswati (in Sanskrit »die Fließende«) ist die indische Göttin der Weisheit, Kreativität, Kunst, Schöpferkraft und Musik – sie wird stets mit einem Saiteninstrument abgebildet – und steht in der hinduistischen Mythologie für Reinheit und Gelassenheit. Im Buddhismus gilt sie als Göttin der Gelehrsamkeit und Unterweisung. In Japan ist sie eine der sieben Glücksgötter.

Kreativität entspricht im Ayurveda dem Vata Dosha, dem Luftprinzip. Vata-Menschen, die diesem ayurvedischen Funktionsprinzip zugeordnet werden, gelten als aktiv, rege, neugierig und immer in Bewegung. Vata steht für Leichtigkeit, Kreativität und Flexibilität.

Die Erklärungen für den Ursprung der Kreativität reichen vom träumenden Unterbewusstsein bis zur wachen Aufmerksamkeit, vom schwerfälligen Nachdenken bis zum hellen Blitz der Erkenntnis, von der göttlichen Inspiration bis zur mühsamen Arbeit.

Der griechische Philosoph Platon schrieb vor 2500 Jahren, dass Dichter von den Musen in einem göttlichen Wahn inspiriert werden, während sein berühmtester Schüler Aristoteles ihre Arbeit als rational und ergebnisorientiert betrachtete. Während der deutsche Philosoph Immanuel Kant im 18. Jahrhundert der Meinung war, dass Kreativität sowohl »originell« – da es auch »originellen Unsinn« geben kann – als auch »beispielhaft« sein muss, geboren aus einer angeborenen Vorstellungskraft. Für Friedrich Nietzsche war sie ein Balanceakt zwischen »dionysischer« Ekstase und »apollinischer« Robustheit. Das klingt wie eine spannende und kreative Formulierung, die eine gewisse Ratlosigkeit über die Definition, aber auch über das Zustandekommen kreativer Ideen beinhaltet.

Blau oder Grün – was macht kreativer?

Im Christentum ist Blau die Farbe des Himmels. Sie suggeriert Weite, Freiheit, Klarheit. Ergebnisse einer Untersuchung des Wissenschaftlers Ravi Mehta und der Wissenschaftlerin Juliet Zhu, damals an der University of British Columbia in Vancouver/Kanada tätig, legten 2009 die Vermutung nahe, dass die Farbe Blau die Kreativität anregt und neue Lösungsstrategien fördert. Zhu wirkt heute an der Cheung Kong Graduate School of Business in Beijing/China. Ihre etwa 600 Probanden absolvierten sechs verschiedene Hirnleistungstests, meist am Computer mit wahlweise rotem, blauem oder weißem Bildschirmhintergrund. Die Forscher beobachteten, wie die Farbe das Testergebnis beeinflusste: Beim blauen Hintergrund entwickelten die Probanden kreativere Lösungen für Probleme.

Bild im Kopf

Zeichnen Sie den Buchumschlag für Ihr Tagebuch/Ihre Memoiren/ die schönste Geschichte, die Ihnen je widerfahren ist. Was sieht man? Oder sieht man – geheimnisvoll – gar nichts? Welche Farbe nutzen Sie?

Grün dagegen gilt als Farbe der Hoffnung. Seit Tausenden von Jahren ist Grün immer ein Symbol für Leben, Lebendigkeit, Natur und Fruchtbarkeit. Im Islam gilt sie als Farbe des Paradieses.

Die Psychologin Stephanie Lichtenfeld testete 2012 an der Ludwig-Maximilians-Universität in München in verschiedenen Experimenten die Wirkung von Farben auf die Kreativität der Probanden. Personen saßen vor ihrem Computer und sahen auf dem Bildschirm für wenige Sekunden zunächst eine Zahl in einem Rechteck – mal war dieses Rechteck grün, mal weiß. Dann sollten die Probanden originelle Ideen auflisten. Die Frage war: Was kann man mit einer Blechdose alles machen? Die grüne Gruppe listete wesentlich originellere Ideen als die weiße. Auch Grau, Rot und Blau kamen nicht an die Ideenfülle der grünen Gruppe heran.

Ob es allerdings die Farbe im Lichtspektrum ist, die den Effekt auslöste, oder ob mit der Farbe Grün positivere Assoziationen verbunden sind und so der Kreativitätsschub zustande kommt, bleibt offen.

Denn auch Farben unterliegen einer persönlichen Konnotation. Bemüht man ein leicht zugängliches Beispiel aus dem Fußball, so wird ein Fan des FC Schalke 04 (das Gelsenkirchen-Blau im Logo des Vereins ist ultramarin) diesem Blauton näherstehen. Ein Werder-Bremen-Fan wird sich vielleicht eher für das strahlende Grün des Vereinslogos begeistern können. Das heißt: Auch der Einfluss von Farben auf das kreative Potenzial ist von Erfahrungen, Emotionen, Assoziationen und kulturellen Aspekten beeinflusst. Einigkeit scheint jedoch in der Auffassung zu herrschen, dass das Lichtwellenspektrum blau-grün-türkis ganz pauschal beruhigend wirkt und Stress mindert.

Warum sind wir kreativ?

Die spannende Frage »Why are you creative?« stellte der Filmemacher Hermann Vaske über viele Jahrzehnte Hunderten von Schauspielern, Regisseuren, Designern, Musikern, Künstlern, Philosophen, Wissenschaftlern, Aktivisten und Politikern. Er ließ sie ihre Antwort, wo auch immer er sie traf, auf das gerade verfügbare Papier – eine Serviette, einen Notizzettel oder die Rückseite der Speisekarte im Restaurant – schreiben. Eine definitiv originelle Idee.

KREATIVITÄT IST DAS GEGENTEIL VON SCHEMA F

Wenn wir sagen, wir handeln nach Schema F, bedeutet dies, wir erledigen etwas routinemäßig. Wir machen uns keine großen Gedanken, sondern handeln mechanisch und stereotyp. Wir überlegen uns keine neuen Ansätze, tüfteln nicht herum, wie etwas besser zu bewerkstelligen sei. Das klingt nach Bürokratie, nach Formblatt XY, nicht nach ungewöhnlichen Lösungen. Richtig! Tatsächlich geht der Ausdruck Schema F auf Formulare zurück, die im preußischen Heer verwendet wurden, um Meldung zu machen über militärische Bestände und Truppenstärken. Wahrscheinlich wurden auch in Schießberichten die Berechnung der Munition darüber dokumentiert. Die Vordrucke waren mit dem Buchstaben F gekennzeichnet. »Wir haben das schon immer so gemacht«, ist ein typischer Schema-F-Satz. Nebenbei bemerkt, … »unabhängig davon, wie sinnvoll es ist«.

Viele der Antworten gehen in eine ähnliche Richtung.

Designer Jean-Paul Gaultier: »Weil es mich lebendig macht.«

FDP-Politiker Christian Lindner: »Man ist es oder nicht!«

TV-Moderator und Produzent Günther Jauch: »Weil ich immer neugierig bin und weil Kreative der lustigere Teil der Menschheit sind.«

Filmkomponist Hans Zimmer: »Weil ich nichts anderes kenne.«

Atomphysiker Stephen Hawking: »Man muss kreativ sein, um wissenschaftlich zu arbeiten, sonst würde man nur die immer gleichen alten Formeln wiederholen. Man würde nichts Neues schaffen.«

Regisseur Volker Schlöndorff: »Warum atme ich? Warum lebe ich? Alles dieselbe Frage.«

Der ehemalige Tennisspieler Boris Becker: »Ich tue das, was ich tun muss, keine Wahl!«

Diese und alle anderen Antworten fasste Vaske in einem Buch, einer Ausstellung und Filmen zusammen. Sein neuester Streifen *Can Creativity Save the World?* wurde 2023 auf dem Filmfest München uraufgeführt.

In der dazugehörigen Ausstellung, die 2023 in München gezeigt wurde, konnten die Besucher selbst auf großen Pinnwänden ihre Ansichten notieren. Hier nur einige der anonymen, oft sehr witzig und mit einem Augenzwinkern gestalteten Aussagen:

- Kreativität ist ein Zugang zu einer Quelle in mir selbst, die mir Ruhe, Freude, Hilfe zum Leben schenkt.
- Weil das Leben sonst langweilig wäre.
- Weil ich gerne über meinen Tellerrand schaue.
- Weil man manchmal nur mit Kreativität der Realität entfliehen kann.
- Weil es mich erfüllt.
- Um eine Lösung in jeder Lebenssituation zu finden.
- Weil uns Kreativität zusammenbringt.
- Macht mich glücklich, manchmal stolz.

Vielen der Aussagen ist gemeinsam, dass sie etwas Existenzielles in der Kreativität beschwören, etwas, was dem Menschen eigen ist, ganz natürlich einfach da ist.

Kreativität besteht aus vielen Puzzleteilen

Die *eine* Kreativität ist ein theoretisches Konstrukt. Kreativität setzt sich aus vielen Bausteinen zusammen:

Der Ideenfluss beschreibt vor allem den quantitativen Aspekt der Kreativität – das Sprudeln der Gedanken –, also wie viele Ideen, Sätze und Assoziationen jemandem zu einem vorgegebenen Begriff einfallen. Dabei greift jeder immer wieder auf seine durch Bildung und Erfahrung gefüllten Wissensspeicher zurück.

Die Flexibilität ist das Kriterium für das Finden variierender Lösungen, etwa auf die Frage nach potenziellen Verwendungsmöglichkeiten für eine Tageszeitung oder eine Büroklammer. Dabei müssen wir umdenken.

Die Originalität erfasst eher den qualitativen Aspekt der Idee, also die Fähigkeit, außergewöhnliche Lösungsmöglichkeiten zu entwickeln, eine Problemstellung neu zu definieren und die Welt – distanziert von gewohnten Betrachtungsweisen – wahrzunehmen. Dieser Aspekt steht in enger Verbindung zur Imagination, sich im Bedarfsfall unbekannte, neue Lösungswege vorstellen zu können.

Die Problemsensitivität ist eine Fähigkeit, eine Situation oder Angelegenheit genau zu begreifen, die richtigen Fragen zur Bewältigung zu stellen, sowie die damit verbundenen Schwierigkeiten zu berücksichtigen.

Die Problemlösung definiert das Talent, eine Idee nicht bloß zu formulieren, sondern auch zu einer konkreten Lösungsstrategie auszuarbeiten. Das ist nur möglich, wenn man weiß, in welchem Kontext welche Idee funktionieren kann. Gedächtniselemente im Gehirn werden massiv involviert, z. B. das Wissen um gesellschaftliche Kontexte, Kundenwünsche, Erfahrungen mit vorherigen Erfindungen und Ideen. Es geht hierbei um das intensive Nachdenken über eine Problemsituation, die in ihrer Intensität und Dauer länger andauert, als viele Menschen sich einer Sache normalerweise widmen würden.

Bei der Neu-Definition steht die Gabe im Vordergrund, eine bekannte Fragestellung aus einer anderen Perspektive zu bewerten. Etwa: Nur weil wir nicht von der Erde fallen, muss das nicht zwangsläufig heißen, dass sie eine Scheibe ist.

MACHT NOT ERFINDERISCH?

Das wäre zu beweisen und gilt sicher nicht für jeden. Eine Notfallsituation soll ungeahnten Ideenreichtum freisetzen, weil man mit dem zurechtkommen muss, was da ist. »Not« ist laut Duden »eine besonders schlimme Lage, in der jemand dringend Hilfe benötigt«.

Der Mangel erzeugt also geistige Höhenflüge?

Das lateinische Sprichwort »Labor ingenium miseris dat« sagt: »Not gibt den Unglücklichen Einfälle.« In der Nachkriegszeit ab 1945 war zum Beispiel der beliebte Kaffee Mangelware. Woraus könnte man noch Kaffee herstellen, wenn keine Kaffeebohnen zur Verfügung stehen? Man behalf sich mit Ersatzkaffee aus Malz, Gerste, Roggen und Bucheckern, der dem echten Bohnenkaffee in Geschmack und Farbe ähnelte. Bereits nach dem Ersten Weltkrieg gab es viele weitere Alternativen.

Aus den Wurzeln des Löwenzahns stellte man schon früher in Bayern einen kaffeeähnlichen Aufguss her. Bereits Mitte des 17. Jahrhunderts war der Zichorienkaffee als sogenannter Landkaffee beliebt, eine preisgünstige Variante aus der Wurzel der Gemeinen Wegwarte. Ganze Zichorienfabriken entstanden Mitte des 18. Jahrhunderts.

So gänzlich neu waren die Alternativen, die nach dem Zweiten Weltkrieg getrunken wurden, also nicht. Koffein erwartete man im Getränk natürlich vergeblich. Aber noch heute gibt es den Malzkaffee, den auch Kinder trinken dürfen. Es ist ein Kaffee-Ersatzprodukt aus gemälzter Gerste.

Nun könnte sich schnell der Rückschluss aufdrängen, dass Intelligenz ein treibender Faktor für Kreativität ist. Wer Probleme präzise erkennt, sie benennen kann, Lösungen sieht und Fragestellungen neu definieren kann, muss doch sehr klug sein. Aber: Der Unterschied zwischen Kreativität und Intelligenz ist so groß, dass beide nur gering miteinander korrelieren. Die Intelligenz ist wohl nicht der Schlüssel zur Kreativität – weder steht sie ihr im Weg (Menschen mit hohem IQ können auch kreativ sein!), noch ist sie eine Voraussetzung! Über diese Zusammenhänge wird in den Kapiteln VERSTEHEN und WISSEN noch viel zu berichten sein.

Kreativität verlangt, ungewöhnliche und weitläufig assoziierte Antworten zu finden. Kreatives Denken wechselt die Richtung der Lösungssuche kontinuierlich und führt zu vielen Ansätzen, die alle richtig und angemessen sein können.

Betrachten wir drei einfache Fragen: Wer lässt sich eigentlich die kleinen Sinnsprüche für die chinesischen Glückskekse einfallen, die Sie sicher schon öfter nach dem Essen in einem asiatischen Restaurant gelesen haben? Warum ist das Öffnen einer Einmalportion Kaffeesahne immer noch ein schwierigeres Unterfangen, wenn keine Spritzer auf der Bluse oder der Krawatte landen sollen? Was könnte ein Quadratmeter Wiese am Bavariahügel während des Oktoberfests in München wohl so erzählen – an Schönem und an Schrecklichem?

Drei Fragen, die man sich stellen kann und auf die wahrscheinlich die meisten von Ihnen nicht sofort eine Antwort parat hätten. Dies ist allerdings nicht einmal der wichtigste Punkt. Spannender ist: Wie bin ich überhaupt auf diese Fragen gekommen? Woher kam die Idee, der andere Blickwinkel? Wie ist zum Beispiel der Erfinder der Post-it-Zettel auf die Idee gekommen, etwas zu kreieren, das schwach klebt und hält, aber doch nichts dauerhaft miteinander verklebt?

Die britische Erfolgsautorin J. K. Rowling, die mit *Harry Potter* die erfolgreichste Buchserie der Welt erschuf (mehr als 500 Millionen Bücher in 80 Sprachen), beschrieb die Art der Gehirntätigkeit, die im Grundzustand bereit ist zur Aufnahme und Verarbeitung neuer Ideen, einmal so: »Ich denke, die Idee schwebte durch den Zug, auf der Suche nach jemandem, und da mein Geist gerade einigermaßen unbesetzt war, entschied sie sich eben, sich dort zu entfalten.« Rowling berichtet hier über die legendäre Zugfahrt, auf der ihr die Idee zu dem ersten Buch über die Saga des zauberhaften Jungen mit der blitzförmigen Narbe auf der Stirn kam.

Wunsch frei

Stellen Sie sich vor, Sie hätten einen einzigen Wunsch frei, um Ihr aktuell dringlichstes Problem zu lösen. Wie würde er lauten?

Ideen in Synapsen

Was aber ist eigentlich eine Idee? Nun, das altgriechische Wort *idéa* bedeutet Erscheinung, Aussehen, Erscheinungsbild, Gestalt, Art, Urbild. Ideen sind für uns schöpferische Gedanken, Vorstellungen, aber auch geistreiche Einfälle und Pläne. In der heutigen Bedeutung gelangte das Wort *idée* im 17. Jahrhundert wohl durch den Franzosen René Descartes als »Idee« in den deutschen Sprachgebrauch.

Ist also eine Idee per se kreativ? Ist Kreativität die Voraussetzung für eine Idee, einen Einfall oder eine Lösung? In gewisser Hinsicht kann man behaupten, dass Kreativität, Ideen, Lernen, Gedächtnis und Erinnerung auf den gleichen fundamentalen Prozessen beruhen: Verbindungen werden assoziativ im Gehirn zwischen den Billionen Synapsen in verschiedenen Hirnarealen und Funktionsbereichen erstellt. Das Gedächtnis versucht, ein stimmiges Bild der Vergangenheit zu formen, während in kreativen Prozessen versucht wird, aus zum Teil widersprüchlichen

Verbindungen neue Ideen und damit neue Beziehungsgeflechte zu formen, sodass eine neue Form, ein neues Gedicht oder ein neues Bauwerk entstehen.

Einfacher ausgedrückt: Was wir heute unter Kreativität verstehen, deckt eine Vielzahl von Denkprozessen unter Beteiligung mehrerer Hirnareale ab.

Kreativität ist sowohl wertvoll als auch rätselhaft. Nicht nur für Künstler, einen selbst, sondern auch für die Wissenschaft gilt: Kreativität ist unscharf, sie ist wie ein vernebeltes Vexierbild. Sie wird zwar auch in der Psychologie und in den Neurowissenschaften mit bestimmten Eigenschaften in Verbindung gebracht – Vorstellungskraft, Originalität, künstlerisches Flair –, aber die wissenschaftlichen Standards lassen sich nicht klar definieren. Viele Kognitionspsychologen, die Kreativität untersuchen, sind der Meinung, dass sie ein Produkt ist (ein Kunstwerk, eine technische Erfindung, eine mathematische Lösung oder eine bloße Idee) und dieses nur dann als kreativ gelten kann, wenn es sowohl »neu« als auch »wertvoll« ist. Aus wissenschaftlicher Perspektive ist außerdem die Intention wichtig. Also die Fähigkeit, uns selbst auf eine Handlung festzulegen, einen Plan zu haben, etwas Bestimmtes zu erreichen. Das ist eine mentale Fähigkeit, die nur uns Menschen zu eigen ist. Die meisten von Ihnen würden sicher zustimmen, dass eine Schneeflocke nicht kreativ ist, ebenso wenig wie ein von einer künstlichen Intelligenz geschaffenes Werk (obwohl wir uns da inzwischen nicht mehr so sicher sind).

Aber darüber hinaus gibt es kaum einen Konsens. Dabei ist Kreativität enorm begehrt. In einer Umfrage unter mehr als 1500 Führungskräften bereits im Jahr 2010 wurde sie als wichtigste Führungsqualität für den Erfolg in der Wirtschaft eingestuft; das Weltwirtschaftsforum in Davos bezeichnete Kreativität einmal als »die eine Fähigkeit, die Sie für den Arbeitsmarkt zukunftssicher macht«. Und sie ist nicht nur in der Hinsicht lukrativ:

Kreativität verspricht Selbstverwirklichung, Glück und wirkt als moralisch-ethisches Gut an sich.

Wissenschaftlich kann man Kreativität unter dem Gesichtspunkt untersuchen, ob es ein Produkt (etwas Neues erschaffen), ein Prozess (kreativ sein) oder Ausdruck eines bestimmten Persönlichkeitstyps (einige Menschen sind kreativer als andere) ist.

Um das Konstrukt weiter zu operationalisieren, wird Kreativität meist als Neuartigkeit, Originalität, Andersartigkeit aufgefasst, und es muss in irgendeinem Sinne brauchbar sein, sonst sind es eher schräge, exzentrische oder seltsame Ideen.

In der Wissenschaft wird Kreativität weniger als ein Ergebnis (das erst mal weder gut noch böse ist) verstanden als ein Prozess, und genau in diesem Sinne ist auch das nächste Kapitel über kreative Denkprozesse geschrieben, in dessen Mittelpunkt das Gehirn steht.

MIT GLÜCK FINDEN, WAS MAN GAR NICHT GESUCHT HAT

Dr. Dirk Ippen, Zeitungsherausgeber und erfolgreicher Unternehmer in München

Gebeten um einen kleinen Beitrag aus eigener Sicht und eigenem Erleben, wird mir klar, dass ich noch nie darüber nachgedacht habe, woher es kommt, dass ich manchmal eine Idee oder einen Einfall habe und etwas Neues ausprobiere.

In einem langen Unternehmerleben waren meine »Ideen« in erster Linie durch berufliche Aufgabenstellungen entstanden. Ich glaube, vor allem war es die Neugierde, die mir Ideen gebracht hat. Alles irgendwie Erreichbare habe ich beobachtet, möglichst viele Menschen habe ich gefragt: Was machen andere, was denken andere? Mit vielen versuchte ich, ins Gespräch zu kommen. So habe ich sehr viel gesammelt, und daraus ist dann etwas Neues entstanden. Mir kam es darauf an, ohne innere Denkgrenzen mal dieses oder jenes zu versuchen oder Aufgaben ganz anders anzugehen als es sozusagen alter Väter Sitte entsprach.

Ich kann mich nicht erinnern, dass mir im Traum eine Idee zugeflogen wäre. Aber viele Jahre lag neben meinem Bett ein Notizblock, um festzuhalten und nicht zu vergessen, was mir beim Einschlafen und morgens beim Aufwachen durch den Kopf ging, wenn ich mich intensiv mit einer Aufgabe beschäftigt habe.

Keine Idee aber ist so gut, dass sie nicht durch Diskussion mit anderen Partnern oder Mitarbeitern/-innen in Frage gestellt und oft noch verbessert werden kann. Aus solchen Gesprächen ist bei mir und in meinen Unternehmen sehr viel entstanden.

Ein leitender Mitarbeiter, der unser Haus aber bald wieder verließ, hat es einmal so ausgedrückt: »In diesem Unternehmen möchte ich auch deswegen nicht bleiben, weil die entscheidenden Weichenstellungen im Fahrstuhl, auf dem Weg zur Kantine oder auf den Fluren erfolgen.« Das war nicht sehr freundlich gemeint, aber er hatte durchaus einen Punkt getroffen. Wir sind in meinen Unternehmen meist gut damit gefahren, Entscheidungen nicht stur am Schreibtisch zu erarbeiten, sondern sie gewissermaßen in Bewegung spontan zu treffen. Überhaupt Bewegung: Wir wissen schon von der Philosophenschule der Peripatetiker, dass im Bewegen und im Bewegtsein Ideen geboren werden.

Ich gehöre zu der Generation, die in der Schule noch haufenweise Gedichte auswendig zu lernen hatte. Ich erinnere mich, dass ich an den Nachmittagen des Lernens immer im Zimmer auf und ab ging, um mir die neuen Verszeilen einzuprägen.

Für mich ist das Finden von Ideen so etwas wie in dem persischen Märchen die Geschichte von den drei Königssöhnen aus Serendip. Im Englischen ist daraus das Wort *serendipity* geworden. Es bezeichnet das Glück, etwas zu finden und zu entdecken, was man eigentlich vorher gar nicht gesucht hat, weil man auch gar nicht wusste, dass es das gibt.

Die drei Königssöhne zogen aus, weil der Vater sie in die Welt schickte. Und wie in so vielen Märchen kommen sie wieder, reich beladen mit Dingen, die sie gar nicht gesucht, aber doch glücklich gefunden hatten.

So ist eigentlich das ganze Leben nicht nur im beruflichen Bereich, sondern auch im Privaten ein glückliches Finden.

Zu meiner bescheidenen »Kreativität« – ob privat oder beruflich – gehört der Zuspruch, den ich durch mein Wissen von meinen »Freunden« aus der Literatur und der Geschichte lebendig in mir habe: Es mag lächerlich klingen, aber es gibt Fälle, in denen ich mich ernsthaft frage, wie Napoleon einen solchen Konflikt gelöst hätte. Oder was hätte Captain Ahab besser tun sollen, als sein ganzes Leben für den weißen Wal zu opfern? Oder könnte man es heute unter ganz anderen Umständen nicht so machen, wie vor 150 Jahren der Hamburger Kaufmann aus der Familie meiner Mutter? Der verschenkte Petroliumlampen, damit die Beschenkten das aus den USA von ihm importierte erste Öl in den Apotheken kaufen würden.

Am Ende bleibt es für mich dabei: Es ist die Neugierde, aus der neue Ideen entstehen. Wer sich Neuem öffnet, wird mit Glück etwas finden, das er gar nicht gesucht hat.

KAPITEL 2

VERSTEHEN: Wie und wann arbeitet ein Gehirn kreativ

»Der individuelle Funke ist der wichtigste Ursprung der menschlichen Kreativität.«

Matt Richtel, Journalist (* 1966)

Das Gehirn versucht, mit so wenig Energie wie möglich auf die Herausforderungen der Welt, den Ansprüchen in der Orchestrierung des eigenen Körpers und der Interaktion mit anderen Menschen auszukommen. Das wundert nicht bei einem Organ, das schon im Grundzustand 15 bis 20 Prozent unserer Energie verbraucht. Ähnlich wie eine Murmel, die einen Berg hinunterrollt, haben auch unsere Gedankengänge eine Tendenz, in vorgegebenen Bahnen und ausgetretenen Pfaden zu verlaufen. Genau das macht das Umparken im Kopf und die Generierung origineller, wirklich neuer Ideen so schwierig – und auf der anderen Seite die Bewältigung des Alltags so einfach. Neurowissenschaftler oder Psychologen gehen davon aus, dass 60 bis 70 Prozent aller menschlichen Tätigkeiten, die wir an einem Tag verrichten, aus Routinen und Gewohnheiten bestehen und bewusste Entscheidungen eher die Ausnahme sind. Unser Denken und Handeln sind über automatisch und assoziativ miteinander vernetzte neuronale Netze im Gehirn implementiert. Diese Assoziationsketten – wie Fertigungsstraßen in Autofabriken – bestehen häufig darin, dass eine Situation, die wir meinen wiederzuerkennen, die Voraussetzung dafür schafft, eine automatisierte Reaktion in spezifischen Arealen im Gehirn auszulösen. Und zwar in den Basalganglien (siehe Abb. 2), die unterhalb der Großhirnrinde liegen und mächtige Algorithmen besitzen, um die Kontrolle über unsere Wahrnehmungen, unser Denken und Handeln zu übernehmen.

All dies wird getriggert über Auslösereize, die kurzfristig am Beginn der Denk- und Handlungskette die neuronale Aktivität erhöhen (siehe Abb. 1), aber in dem Moment, wo der Auslösereiz als bekannt erkannt wird, erniedrigt sich die neuronale Aktivität wieder, und es werden nur die »notwendigen« neuronalen Schaltkreise aktiviert, die zur Lösung einer Situation benötigt werden.

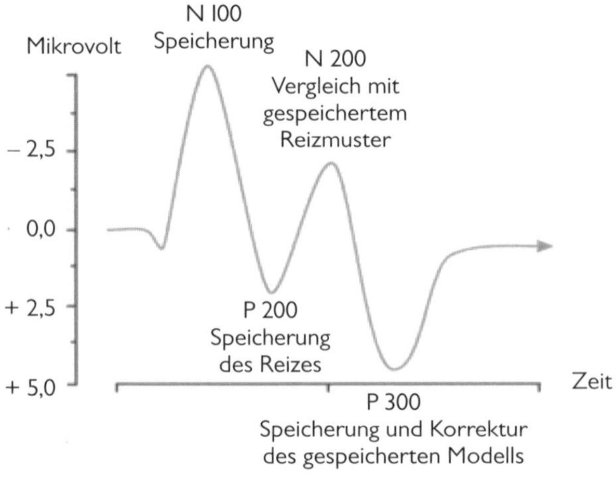

Abb. 1: Ereigniskorrelierte Signale im EEG eines Menschen. Der Ausschlag bei P300 entspricht der korrelierten neuronalen Aktivität, wenn man etwa Neuartiges entdeckt, und genau das lässt sich in Untersuchungen zuverlässig als Messparameter nutzen. N100 markiert den Zeitpunkt der ersten Abspeicherung eines Auslösereizes im Gedächtnis, N200 mit niedrigerer neuronaler Aktivität zeigt, dass der Reiz bereits bekannt ist.

Auf diesem Wege ruft der Gedanke an einen Stuhl das prototypische Schema eines Stuhls in unseren Köpfen wach und nicht Hunderte von Varianten, die wir schon im Laufe des Lebens gesehen haben. Wenn man sich diese Stuhlvarianten vor dem geistigen Auge wachrufen will, muss man sich bewusst anstrengen und darauf konzentrieren – oder den entgegengesetzten Weg beschreiten und tagträumen, z. B. von einem Stuhlmuseum mit dem erfundenen Motto »Von der Steinbank bis zum Sitzsack«.

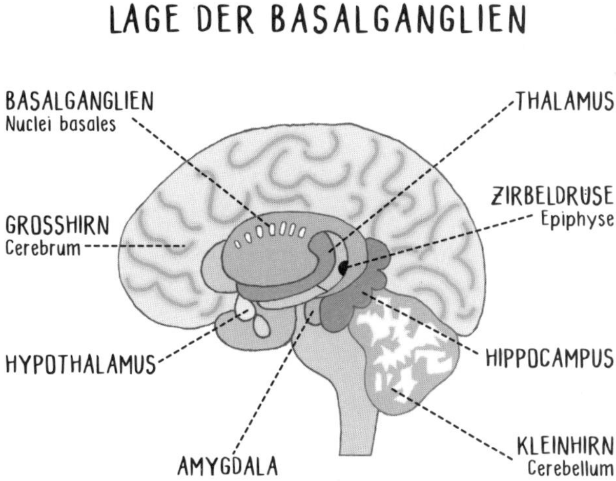

Abb. 2: Mit dem Großhirn nehmen wir die Welt wahr, denken und planen oder bereiten motorisches Handeln vor. Der Hippocampus ist wichtig für das Faktenlernen und für autobiographische Erinnerungen; die Zirbeldrüse ist wie der Hypothalamus an der Hormonsteuerung beteiligt. Die Amygdala reguliert unsere Gefühle. In den Zuordnungen der funktionellen Tätigkeiten des Gehirns spielen die Basalganglien eine besondere Rolle. Sie sind eine funktionelle Einheit bestehend aus Kerngebieten, die neben der Gewohnheitsbildung auf der Verhaltensebene auch der Bewegungskoordination dienen. Sie sind ein wesentlicher Bestandteil des impliziten, unbewussten Gedächtnisses.

Der evolutive Sinn erschließt sich einem schnell: Wir vermögen eine Situation schneller einzuschätzen, wenn wir sie bereits mehrfach erlebt haben. Ebenso können wir Objekte und Wörter schneller erkennen, mit denen wir kurz zuvor schon Kontakt hatten. Die Geschwindigkeit und auch die Effizienz der Einordnung einer Situation nehmen zu, ohne dass uns das bewusst wird. Diesen Lerneffekt bezeichnet mal als Priming oder auch Bahnung. Das bedeutet: Ein Hinweisreiz hilft assoziativ (bahnt sich den Weg), schnell die Situation zu erkennen. So wissen wir automatisch, wie die Abläufe in einem Restaurant, in der Oper, im Theater oder im Straßenverkehr üblicherweise sind. Der Effekt beruht darauf, dass die Information, die aktuell verarbeitet wird, im Gehirn bereits vor-konfiguriert ist: Es bedarf weniger neuronaler Energie, ein bereits bekanntes Objekt wiederzuerkennen. Priming ist dabei vor allem und zuallererst eine geschickte Methode des Gehirns, bei einer Reihe von Routineabläufen (Dinge, Wörter, Umstände, Situationen) das Arbeitsgedächtnis zu entlasten. Der römische Bischof und Kirchengelehrte Augustinus (354–430 n. Chr.) befand: »Das Gedächtnis ist der Magen des Geistes.« Dies gilt vor allem für all die unbewussten Gedächtnisprozesse.

Multi-Objekt

Was kann man alles aus einer leeren Flasche Milch machen? Mit Sand gefüllt als Gewicht zum Trainieren verwenden, mit Wasser gefüllt als Blumenvase, als Kunstobjekt bemalen … Und was fällt Ihnen noch ein?

Wenn man also einen Hinweisreiz bekommt, kann man Gelerntes leichter abrufen und vergleichbare Aufgaben leichter lösen: So kann man Wissen an dem Ort, an dem es erworben wurde, leichter abrufen; oder es fallen einem in einem Restaurant Namen von Speisen und Zutaten schneller ein als in anderen Kontexten. Zu dieser Lernform gehört auch die Einordnung von Erlebnissen aufgrund von früheren, vergleichbaren Ereignissen ebenso wie das schnellere Erkennen von Reizmustern, die man früher schon mal wahrgenommen hat. Neurone können schnell Muster ergänzen, wenn sie diese Muster erfassen. Somit unterliegen selbst Wahrnehmungsprozesse Regeln, die dem Gedächtnis entspringen. Wir sehen zuerst und am schnellsten, was wir schon mal gesehen haben, und dies bereits auf den ersten sensorischen Verschaltungsebenen in der Großhirnrinde. Ergo gilt: Wir erleben die Welt so, wie wir gelernt haben, unsere Umwelt zu sehen.

All das ist praktisch und macht die Verarbeitung von Umweltreizen und das Agieren in einer komplexen Welt leichter. Die Gefahr ist nur, dass man eine Situation nur oberflächlich betrachtet und gar nicht mehr die Details sieht, so wie bei einem Geldschein. Sobald eine Banknote einmal erkannt wurde, sehen wir sie uns gar nicht mehr genau an und erinnern höchstens Farbe und Größe.

Auf der anderen Seite schränkt es unsere Kreativität im Sinne von »etwas Neues denken/sehen/entwerfen« ein. Schweifen unsere Blicke allerdings ziellos umher, nehmen wir viele Hinweisreize nur unbewusst wahr, und dennoch können diese die Kreativität erhöhen, sich in Ideen umwandeln und uns auf ungewohnte Gedanken bringen.

All dies zeigt die Vor- und Nachteile des als Priming bezeichneten Prozesses.

KREATIVTRAINING

Auf einen Blick

Hier sehen Sie unvollständige Strichzeichnungen von Dingen, die Sie alle kennen. Wie schnell können Sie die fehlenden Striche ergänzen, um den Gegenstand zu vervollständigen?

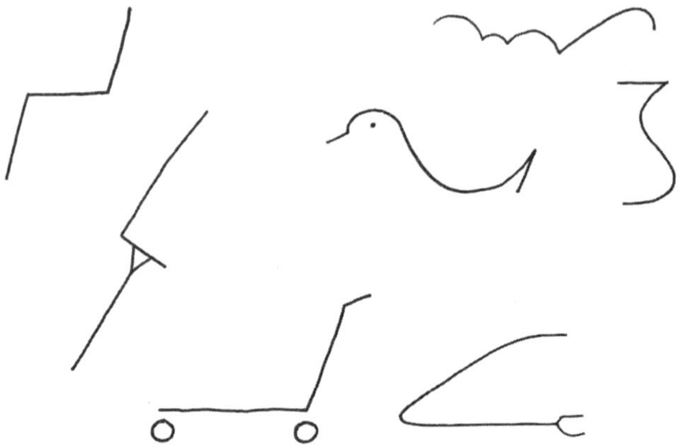

Lösungen von links nach rechts: Stuhl, Brille, Spritze, Vogel, Vase, Einkaufswagen, Zug

Insgesamt gilt, wie vorher erläutert, dass die Basalganglien aktiv werden, wenn wir eine Gewohnheit ausgebildet haben und der bewusstseinssteuernde Teil des Gehirns, besonders hier der präfrontale Cortex (er kontrolliert Absichten und schmiedet Pläne), umso stärker inaktiviert wird, je mehr die Basalganglien involviert werden. Der reflektierende Geist wird quasi von der Last der Organisation von Routineabläufen befreit, gleichzeitig wird er aber auch zum Gefangenen der unbewussten Gewohnheiten. Denn der Preis dieser präfrontalen Arbeitsentlastung ist, dass von nun an die Basalganglien das Drehbuch der Routinehandlungen schreiben und die Großhirnrinde eher nur als Statist mitspielt!

Wir werden als Ich-beseelte Großhirnbesitzer zu Zuschauern im eigenen Theaterstück, allerdings nicht sehr aufmerksamen, denn die Ausführung der meisten Routinen entgeht uns. Das Gehirn versucht, quasi jede Handlung, die häufig und regelmäßig vorkommt, in eine Gewohnheit zu verwandeln. Dies befreit zum einen den Cortex von vielen Aufgaben, vor allem wird das in der Rechenkapazität stark limitierte Arbeitsgedächtnis weniger beansprucht, wenn wir nicht alle Tätigkeiten bei vollem Bewusstsein durchführen müssen, und es spart dem Gehirn auch Größe und Volumen. Müssten wir bei allen Handlungen jedes einzelne Segment einer Handlung in der Großhirnrinde abspeichern (und bei jedem einzelnen Schritt entscheiden, was als nächster kommen soll), bräuchten wir riesige Gehirne und wären sehr langsam.

Evolutiv tauchte diese Effizienzsteigerung durch Automatisierung zunächst im Bereich der Bewegungsorganisation auf: beim Laufen, Werfen, und wenn wir Essen zum Mund führen. In heutiger Zeit koordinieren die Basalganglien in einem weit stärkeren Maß unsere Gewohnheiten und Routinen, als uns dies bewusst ist.

Wer also Form, Farbe, Beschaffenheit einer Kaffeetasse oder eines Stuhles oder eines Hauses neu denken will, der muss sein prozedurales Wissen in den Basalganglien überschreiben und mit Hilfe der Großhirnrinde das Problem, die Form, das Material neu durchdenken. Und steht dann vor dem nächsten Problem: Man muss sich konzentrieren, um die Basalganglien in ihrer Aktivität zu unterdrücken und so die Gewohnheitsfalle auszuschalten.

Konzentrieren bedeutet aber, dass das Aufmerksamkeitsnetzwerk im Gehirn auf Hochtouren läuft, vor allem der präfrontale Cortex an der Spitze der Großhirnrinde wird aktiv. Das ist gut, um ein Problem zu identifizieren und bereit zu sein, Neues zu lernen, aber es hat den Nachteil, dass auch der präfrontale Cortex die Tendenz hat, Assoziationsbahnen im Gehirn zu verfolgen, die einer initialen Idee folgen, oder den Denkmustern, die man in der Ausbildung gelernt hat. Das ist gut, um zielorientiert bekannte Probleme zu lösen, aber es ist eben nicht kreativ, da es nicht zu originellen und neuartigen Lösungen beiträgt.

Das paradoxe Verhältnis von Kreativität zu Wissen

Steht Wissen also etwa der Kreativität im Wege? Fängt nicht jedes Kreativitätsseminar und jedes Brainstorming mit dem Satz an: »Jetzt vergessen wir mal alles, was wir gelernt haben …« Und sind nicht Kinder, die ohne Vorwissen sind, die kreativsten Menschen überhaupt?

Genau so scheint es nicht zu sein, denn Kinder machen mangels Vorwissen Fehler, und leider kommen sie häufig auch nicht zu einer erfolgreichen Lösung. Echte Genies geben Aufschluss, wie wichtig Wissen und Erfahrung für kreative Leistungen sind: Michelangelo oder auch Picasso waren bereits in jungen Jahren große Maltalente, aber ihre Meisterwerke schufen sie erst im Erwachsenenalter. Insofern ist neben Originalität auch Wissen, also in gewisser Weise Experte auf einem Gebiet zu sein, wichtig, um erfolgreich Neues zu schaffen.

Kreativitätsforscher haben ermittelt, dass Menschen grob geschätzt etwa 10 000 Stunden – umgerechnet also etwa sechs Lebensjahre, wenn man von einer Arbeitswoche mit 40 Stunden ausgeht – an Training, Übung oder Berufserfahrung benötigen, um bemerkenswerte, kreative Leistungen zu erbringen. Wir brauchen also viele Jahre, um ein »Experte« zu werden – das ist aber nicht der Endpunkt der Kreativität, sondern der Startpunkt.

Was bedeutet es überhaupt, ein Experte, eine Expertin zu sein? Und was hat das mit Gedächtnisprozessen zu tun? Wenn wir Experte auf einem Gebiet werden, strukturieren wir die Welt unserer

Profession anders, und dieses »anders« hat etwas mit »Gestaltwahrnehmung« zu tun. Als Experte nehmen wir nicht mehr nur einzelne Daten wahr, sondern sehen gleich ganze Netzwerke an Beziehungen – und zwar auf einen Blick. Ein Experte vermag eine gegebene Konfiguration vor dem Hintergrund seines Wissens zu sehen und zu erleben, er sieht das Ganze und nicht die Einzelteile.

Dies klingt abstrakt, deshalb ein Beispiel: Schachgroßmeister, die sich dadurch auszeichnen, dass sie in schwierigen Spielsituationen zu überraschenden, neuen und damit kreativen Spielstrategien kommen, haben ein überragendes Gedächtnis für Spielsituationen – solange es sich um reale Figurenkonstellation handelt. Sie können aus dem Gedächtnis heraus ein Dutzend Partien parallel spielen und sich aus dem Gedächtnis heraus merken, welche Spielsituation sich in welcher Partie befindet.

Was hat das mit Gestaltwahrnehmung zu tun? Die Großmeister versagen wie jeder andere auch in ihrem Gedächtnis, wenn die Spielsituation gewürfelt wurde, sprich, die Figuren zufällig über das Feld verteilt sind und keine Figurenkonstellation als Muster wahrzunehmen ist. Ein Schachgroßmeister nimmt das Spielfeld wahr, wie wir etwa ein Gesicht erkennen, und kann ungeheure Datenmengen abspeichern. Das funktioniert auch bei jeder anderen Tätigkeit, egal ob einer sportlichen, künstlerischen oder beruflichen: Dort, wo wir ein gewisses Expertentum erreicht haben, erlauben es unsere Gedächtnisfähigkeiten, die Informationsdichte auf einem gewissen Tätigkeitsgebiet so zu komprimieren, dass wir große Mengen an Daten verarbeiten, Wissen verdichten, Muster erkennen und vor diesem Hintergrund Lösungen finden können, die nicht nur originell sind, sondern auch produktiv und funktionstauglich. Neuartiges und Altes (Gespeichertes) müssen also zusammenarbeiten, bevor etwas qualitativ Neues entsteht und wir diesem auch vor einem bestimmten kulturellen Hintergrund eine hohe Qualität zusprechen.

Neu und nützlich, schöpferisch und produktiv sind wie bereits erwähnt entscheidende Ansprüche, die wir an die kreative Messlatte anlegen. Und auch wenn Expertenwissen eine wichtige Voraussetzung ist, um kreativ zu sein, sie ist nicht hinreichend: Ein Experte ist nicht automatisch kreativ! Denn zur Kreativität gehört das Originelle, das Überraschende und damit immer auch das Vermögen, sein Expertenwissen in Frage zu stellen, es quasi zu überschreiben. Nur so vermögen wir in neue, unerforschte Bereiche vorzustoßen – und dazu muss man manchmal sogar Regeln brechen. Dies stellt sich als eine paradoxe Situation dar, wie vieles im Kontext der Kreativität.

Buchstabensalat

Schauen Sie sich folgende Buchstabenfolge an: RLKHEM
Sie erkennen kein Wort? Ein Tipp: Sie müssen nicht alle Buchstaben verwenden – es genügen auch drei oder vier. Zum Beispiel: Lehm, Kreml, Helm, Mehl, Reh – es lassen sich aber noch fünf weitere Wörter finden. Viel Spaß!

Wichtige Zutaten: Neugierde und Mut

Diese Überlegungen zu Gedächtnisprozessen und der Leistungsfähigkeit, bei der wir von Kindern ausgegangen und bei langjährigen Experten angekommen sind, weist noch auf einen anderen wichtigen Umstand hin: Originell ist nicht gleich kreativ, auch wenn Originalität ein wichtiger Gesichtspunkt von Kreativität ist. Und wenn Kindern häufig das Wissen und damit die Qualität ihrer Arbeiten fehlen, so fehlt den meisten Erwachsenen häufig die Neugierde, der Mut, Neues zu wagen, und damit die Originalität, die Kinder unvergleichlich auszeichnet.

Wissen und Kreativität können also auch Gegenspieler sein: Je mehr wir an Wissen anhäufen und je umfassender unser Weltbild wird, umso weniger neugierig sind wir, umso mehr Routinen schleichen sich in unser Leben und umso klarer scheinen wir zu wissen, wie die Welt funktioniert. Warum dann noch neu denken?

Wer sich auf seine antrainierten und in gewisser Hinsicht bewährten Wahrnehmungs-, Denk- und Handlungsschemata verlassen kann, ist weniger hungrig auf neue Erfahrungen. Nicht die Fantasie leidet, sondern der Drang nach etwas Neuem kann verloren gehen und damit die Imagination, die Welt anders denken zu wollen. Neben Wissen und Fähigkeiten braucht kreatives Schaffen also Neugierde, Experimentierfreudigkeit und eine gewisse Offenheit für Neues – und manchmal eben auch den Mut, bestehende Regeln zu brechen.

Wissenselemente neu strukturieren

Wenn Einsichten mit Vorwissen, Expertenwissen und Gedächtnisspeichern in unserem Kopf zusammenhängen, warum fühlen sich Einfälle dann oft so unbeabsichtigt an? Das liegt daran, dass Lösungen oft nicht fragmentiert sind, sondern ein Konstrukt. Es ist rätselhaft, welche Faktoren die richtige Idee implizieren und wie sie im Gehirn ausgelesen wird, da diese spontane Ideenentwicklung nicht im Bewusstseinsstatus erfolgt. Insbesondere ist es schwer zu erschließen, warum wir für manche Probleme einfach keine richtige Lösung finden, obwohl doch das erforderliche Wissen in unserem Gehirn vorhanden ist. Eine mögliche Erklärung könnte sein: Vorwissen kann die Lösungsfindung behindern, Denkblockaden folgen.

Die Ursache liegt vermutlich darin begründet, dass wir die Welt so strukturieren, wie wir sie von klein auf sehen. Wir nehmen niemals alle Aspekte wahr und sortieren die Welt durch die Orientierung an inneren Darstellungen (mentale Repräsentationen), die wiederum nur spezifische Aspekte in Betracht ziehen.

So haben wir oft ein festes Bild von der Problemstellung im Kopf und wählen infolgedessen nur die Lösungswege innerhalb der zurechtgelegten Schablonen. Das ist ein automatisierter

Vorgang, der sich nur schwer individuell steuern lässt. Bei kreativen Aufgaben blockiert er die Wege hin zur Erkenntnis, da es uns nicht mehr gegeben ist, den Sachverhalt unter Berücksichtigung neuer Aspekte zu evaluieren.

Natürlich ist die Konsequenz daraus nicht, dass man kein Vorwissen haben sollte, um den Kopf frei zu haben für neue Lösungen. Expertenwissen ist unabdingbar. Die Kreativitäts-einschränkenden Gedächtniseffekte treten erst dann auf, wenn sich Erfahrungen derart verfestigen, dass sie neue Ideen regelrecht ausschließen.

Klassische Experimente des Psychologen Karl Duncker aus den 1920er Jahren veranschaulichen das sehr einleuchtend: Die Art, wie wir gewohnt sind, Gegenstände zu verwenden, schränkt uns kognitiv ein, eine alternative Verwendungsmöglichkeit zu eruieren. In einem seiner Experimente forderte Duncker seine Probanden auf, eine Wachskerze aufrecht an einer Wand zu befestigen. Drei Gegenstände durften die Probanden nutzen: eine Streichholzschachtel, eine Schachtel mit Reißzwecken und die kleine Kerze. Die ideale Lösung der Aufgabe bestand darin, die Reißzwecken aus der Schachtel zu nehmen und mit ihnen die Schachtel so an die Stellwand zu heften, dass die Kerze darauf stehen blieb. Der notwendige kognitive Perspektivenwechsel vollzog sich in dem Moment, in dem die Schachtel nicht in ihrer für uns gewohnten Funktion als Behältnis eingesetzt wurde. In einem weiteren Test war die Schachtel leer, und die Heftzwecken lagen daneben auf einem Tisch: Die Probanden lösten die Aufgaben dadurch schneller. Duncker nannte dieses denk-limitierende Phänomen »funktionale Gebundenheit«.

KREATIVTRAINING

Wer bin ich?

Wie könnten Sie sich selbst einmal ganz anders vorstellen als üblicherweise? Nehmen wir an, Sie sind eingeladen – etwa zu Kaffee und Erdbeerkuchen –, kennen von den Gästen niemanden, und man bittet Sie, kurz zu erzählen, wer Sie sind. Anstatt aufzuzählen, wo Sie geboren sind, welche Ausbildung Sie haben, wo Sie arbeiten oder welche Hobbys Sie ausüben, könnten Sie auch versuchen, eine Geschichte zu erzählen, was Sie mit Erdbeeren oder mit einem Kuchen verbinden. »Meine Oma hat immer ...«, »Ich esse im Winter keine Erdbeeren, weil ...«, »Ich mag ein Glas Champagner mit einer Erdbeere ...«, »Ich vertrage keine Erdbeeren ...«, »Nichts ist schöner, als nach einem anstrengenden Mannschaftsspiel im Tennisclub, eine Erdbeerlimonade zu trinken ...« Das ist beliebig variierbar und kreativer als ein tabellarischer Lebenslauf und geht genauso gut mit Gulasch und Knödeln oder einem Avocadobrot beim Brunch ...

Wer sich das nicht spontan zutraut, kann es aus Spaß einfach mal mit Freunden testen!

Vorwissen ist wichtig. Zeitweise denken wir aber zu weit voraus und strukturieren zu voreilig, wodurch wir relevante Lösungsalternativen übersehen. Psychologische Untersuchungen konnten diese Annahme bestätigen: Die Probanden folgten ununterbrochen dem Muster eines antrainierten Lösungsweges – selbst wenn sich eine andere, sogar einfachere Lösungsmöglichkeit angeboten hat.

Fazit: Kognitive Flexibilität und die Fähigkeit, Probleme sowie Wissenselemente neu zu strukturieren, sind fundamentale Prozesse des kreativen Denkens. Erst diese Umstrukturierung führt dann – oft schlagartig – nach einer Zusammenführung aller

Puzzlesteine zu der richtigen Einsicht. Diese Einsicht verläuft ähnlich wie die Wahrnehmung einer Gesamtkomposition, so wie man im Wald ein getarntes Tier im Dickicht von einem Moment auf den nächsten als eine Gestalt erkennt. Entsprechend bezeichnet man diesen Zweig der Kognitionswissenschaften als »Gestaltpsychologie«.

Verbindung gesucht

Welches Wort verbindet die Begriffe BAUM, TÜR, MEISTER?

Die Lösung: Haus – BAUMhaus, HausTÜR, HausMEISTER

Können nur Non-Konformisten kreative Genies sein?

Einige Menschen meinen Dinge zu sehen, die andere nicht sehen können, und wenn sie recht haben, nennen wir sie kreative Genies. Einige Menschen sehen Dinge, die andere nicht sehen können; aber liegen sie falsch, dann nennen wir sie vielleicht psychotisch. Und einige Menschen, wie der geniale Mathematiker John Nash (1928–2015), sind beides.

Nash ist ein US-amerikanischer Wissenschaftler, der vor allem für seine Spieltheorie und seine Arbeiten über nichtlineare partielle Differenzialgleichungen ausgezeichnet wurde. Er litt von 1959 an jahrzehntelang an paranoider Schizophrenie, was viele Aufenthalte in psychiatrischen Kliniken nach sich zog. Dennoch arbeitete er mit Unterbrechung am Massachusetts Institute of Technology und an der Universität in Princeton und erhielt 1994 den Alfred-Nobel-Gedächtnispreis für Wirtschaftswissenschaften.

Was also macht eine kreative Persönlichkeit aus? Beginnen wir mit einem konkreten Beispiel: Ein besonders kreativer Mensch, dessen Namen nicht jeder kennen wird, von dessen »Produkten« aber nahezu jeder schon gehört hat, ist Shigeru Miyamoto. Als Junge verbrachte Miyamoto viel Zeit in der Umgebung von Kyoto, spielte in der Natur und schnitzte Holzspielzeuge – ein richtiger (im harmlosen Sinne) Taugenichts, der in seiner eigenen Traumwelt lebte. Die von ihm entwickelten Videospiele »Super Mario« oder die »Legende von Zelta« gehören zu den weltweit am häufigsten verkauften Computerspielen und begründeten maßgeblich den Erfolg von Spielkonsolen. Was Miyamoto ausmacht, ist nicht nur, dass er als Kind verträumt war und seine Tagträume gelebt hat, sondern dass er sich diese kindliche Freiheit auch als Spieleentwickler erhalten hat. Als er dann ein Experte in der Welt der Spielekonsolen wurde, war diese Kombination aus traumwandlerischer Fantasie und dem richtigen Programmierwissen entscheidend. Vielleicht stimmt ja, was Platon vor 2500 Jahren schrieb: »Man kann mehr über einen Menschen in einer Stunde herausfinden, in dem man mit ihm spielt, als nach einem Jahr des miteinander Redens.«

Vielleicht kann man sogar festhalten, dass kindliches Spiel eine entscheidende Vorstufe und ein wichtiges Trainingsfeld ist, um später im Leben kreativ sein zu können! Umso bedenklicher ist der seit den 1950er Jahren anhaltende Trend, dass Kinder mit jedem Jahrzehnt weniger Zeit für freies Spiel haben und der Tagesablauf mehr und mehr durch strukturierte Tätigkeiten bestimmt wird. Vielleicht haben wir in der guten Absicht, das Gehirn gezielt in bestimmten »wichtigen« kognitiven Fähigkeiten zu trainieren, die etwas unordentliche Verspieltheit der Kreativität übersehen. Miyamoto ist in jedem Fall ein Leben lang verspielt geblieben, und genau dies war die Grundlage für seinen beruflichen Erfolg.

Wie wir gesehen haben, reicht es aber nicht aus, ein schräger Vogel zu sein, um originelle Ideen hervorzubringen: Bunte unkonventionelle Kleidung, jeden Vorschlag anderer abzulehnen und die Unpünktlichkeit zum Prinzip zu erheben, macht einen noch nicht zu einem kreativen Genie. Auf der anderen Seite kann man nicht erwarten, dass Menschen, die häufig neue, unkonventionelle Ideen haben und einen besonderen Blick auf die Welt haben, in ihrem sonstigen Leben allen gesellschaftlichen Konventionen folgen. Die Welt anders zu sehen, heißt eben auch, als Persönlichkeit anders zu sein, denn wie wir die Welt erleben und verarbeiten, hat auch einen Einfluss auf unser Denken und unser Handeln. Und tatsächlich zeigt sich, dass Führungskräfte in Fragebögen zwar immer wieder angeben, nach dem »kreativen Potenzial« in möglichen neuen Mitarbeitern zu suchen, besonders kreative Bewerber dann aber doch statistisch gesehen eine schlechtere Chance haben, eingestellt werden. Wir verehren die Kreativität, aber sie ängstigt uns auch (siehe auch Kapitel 7).

Kreative Persönlichkeitsmerkmale

Menschen, die über ein hohes Kreativitätspotenzial verfügen, weisen häufig Persönlichkeitsmerkmale auf, die sie von anderen Menschen deutlich unterscheiden. Aus dieser Erkenntnis kann man viel über die Voraussetzung von kreativen Denkstrukturen lernen.

So sehen viele kreative Menschen im wahrsten Sinne des Wortes die Welt anders, vor allem erkennen sie mehr Details. In Experimenten konnte man zeigen, dass sie mehr sehen, weil sie länger und genauer hinschauen und beobachten als andere Menschen. Sie finden Dinge, die andere für irrelevant halten. Während Menschen, die stark auf eine ganz bestimmte Lösung drängen, lediglich Ausschnitte der Welt sehen, die nur zu bestätigen scheinen, was die ursprüngliche Idee unterstützt, heißt kreativ sein auch, die Dinge urteilsfrei (und möglichst vorurteilsfrei) so zu sehen, wie sie sind und nicht, wie man glaubt, dass sie sein sollten.

Vorstellungskraft

Welche Formen können Türen haben? Muss die Wandöffnung immer rechteckig sein? Geht auch ein Dreieck, Kreis oder …? Haben Sie weitere Ideen?

Forschungsergebnisse des Kognitionswissenschaftlers Scott Kaufman von der University of Pennsylvania deuten darauf hin, dass kreative Menschen komplexe Persönlichkeitsmerkmale aufweisen: Zu den drei wichtigsten Eigenschaften gehören die mentale Flexibilität, divergentes Denken ebenso wie stark ausgeprägte Fähigkeiten im konvergenten Denken.

Mentale oder kognitive Flexibilität meint vor allem eine Offenheit gegenüber neuen Ideen, neuen Umständen und Herausforderungen; sie kann auch bedeuten, Problemstellungen einfach mal anders und neu zu formulieren, statt sich auf Lösungen zu fixieren. Und sie beinhaltet, Fehler zu machen und daraus zu lernen. Divergenz in der Persönlichkeitsstruktur geht einher mit einer non-konformistischen Lebenseinstellung, einer Unabhängigkeit des Denkens und oft auch einer hohen Impulsivität. Aber: Kreative Menschen können im entscheidenden Moment nicht nur breit assoziieren und ihre eigenen Pläne unabhängig von der Meinung anderer verfolgen, sie können auch zielgerichtet, präzise und mit hoher Persistenz eine Aufgabe zum Erfolg führen, also konvergent denken. Dies ergibt Sinn vor dem Hintergrund, dass Kreativität sowohl zu Neuem wie auch Nützlichem führen soll. Nichtsdestotrotz muss man nicht in allen Lebensfragen Non-Konformist sein. Auch diejenigen, die nicht ständig die Welt in Frage stellen, können kreativ sein.

Während also die Unabhängigkeit des Denkens, Neugierde und das Vermögen, fantasiereich zu assoziieren, das Generieren von Ideen fördert, fördert das konzentrierte Nachdenken die Selektion der relevanten und nützlichen Antworten. Aus anfänglich vielen Ideen werden in diesem Prozess dann wenige gute umsetzbare Ideen.

Kreative Menschen müssen keinen hohen IQ haben. Intelligenz und Kreativität zeigen mit einem IQ von 115 und höher nur eine geringe Korrelation. Zum Vergleich: Ab einem IQ von 130 gelten Menschen als hochbegabt. Bis zu einem IQ von 115 beflügelt ein höherer IQ auch die Kreativität, aber besonders intelligente Menschen sind genauso häufig kreativ (oder eben nicht kreativ) wie Menschen mit einem nur leicht überdurchschnittlichen IQ. Das Persönlichkeitsmerkmal »Offenheit« dagegen korreliert hoch mit kreativer Begabung.

Was macht ein kreatives Gehirn aus?

Die sogenannte Lateralisierung der beiden Großhirnhemisphären bedeutet, dass die Aufgaben des Gehirns nicht gleich über die beiden Gehirnhälften verteilt sind. So liegen die Sprachareale bei fast allen Menschen in der linken Großhirnhälfte, ebenso wie unser Faktenwissen, während das mathematische Vorstellungsvermögen stärker auf der rechten Seite des Gehirns verortet wird.

Ist die häufig aufgestellte Behauptung richtig, dass kreative Menschen eher »rechtshemisphärisch« begabt und Menschen mit einem hohen IQ eher »linkshemisphärisch« veranlagt sind? Es wird Sie nicht überraschen, dass die Antwort auf diese Frage »Nein« lautet. Denn tatsächlich denkt das kreative Gehirn vernetzt und nicht in linken oder rechten Lagern bzw. Hemisphären. Für kreatives Denken wurde vor allem die rechte Großhirnhemisphäre verantwortlich gemacht: Wird die Neugierde eines Menschen geweckt, ist der rechte Stirnlappen aktiver als der linke. Da Neugierde eine wichtige Triebfeder des Erkundens neuer Optionen ist, ist der Prozess im Gehirn nachvollziehbar. Ein weiterer Beleg für die Annahme waren Beobachtungen, dass Schädigungen der rechten Hemisphäre zu einer stärkeren Beeinträchtigung divergenter Denkprozesse führten: Das große Ganze konnten solche Patienten schlechter einordnen, während ihre Fähigkeit zur Detailwahrnehmung unbeeinträchtigt war. Bei Schädigungen der linken Großhirnhälfte war das Gegenteil der Fall: Details wurden vernachlässigt, aber das Gesamtkonstrukt einer Wahrnehmung oder eines Gedankengebäudes war präsent.

Weiterführend belegen Untersuchungen die Einteilung in eine kreative rechte und eine analytische linke Hälfte mit Hilfe von bildgebenden Verfahren. Es zeigte sich, dass im rechten Schläfenlappen der anteriore Teil des Superioren Temporalen Gyrus (aSTG) – eine große Ausstülpung im Schläfenlappen – die stärkste Aktivität zeitlich kurz vor einem Aha-Erlebnis von Probanden zeigte.

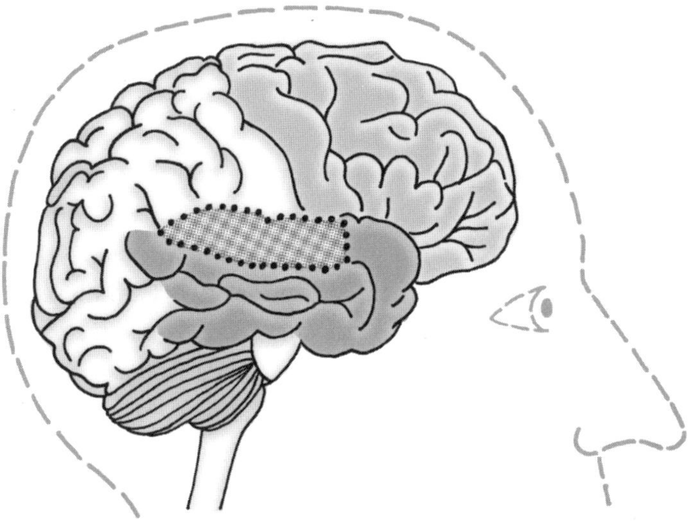

Abb. 3: In der rechten Hemisphäre: Der anteriore Teil des Superioren Temporalen Gyrus (aSTG, hier mit einer Punktlinie gekennzeichnet) zeigt höchste Aktivität Sekunden vor dem Aha-Effekt.

Wendig denken

Schnelles optisches Erkennen von bekannten Worten, ist Übungssache. Probieren Sie es selbst: Welches Wort verbirgt sich hinter diesen Buchstaben: »scmgomephrutaloriut«? Hier finden Sie mehr Beispiele: www.buchstaben.com/buchstabensalat-loesen.

Damit Sie nicht weiter grübeln müssen: »Computeralgorithmus.«

Wir besitzen offensichtlich vor allem in Gehirnarealen, die mit Assoziationen von vorhandenen Wissenselementen in der rechten Großhirnhälfte – und dort vor allem im rechten Schläfenlappen – befasst sind, Bereiche, die nicht nur vorhandene und abgespeicherte Assoziationen nutzen können, sondern die auch selbst in der Lage sind, neue Verbindungen zwischen Sachverhalten und Ideen herzustellen.

Trotz dieser rechtshemisphärischen Kreativitätsbefunde sind diese (wie fast alles in Bezug auf Kreativität) eine unzulässige Vereinfachung, denn sie rauben dem kreativen Prozess seine Essenz. Es wäre zu schön, ein »kreatives Gehirnareal« zu haben, welches man einfach mit Hilfe von Elektroden auf der Kopfhaut – eine sogenannte transkranielle Stimulation – aktivieren könnte.

Doch so einfach macht es uns die Kreativität nicht, wie Charles Limb an Jazz-Musikern zeigen konnte. Limb ist ein US-amerikanischer Neurowissenschaftler, Chirurg und Musiker an der University of California in San Francisco. Klar ist: Kreativität ist eine Leistung des ganzen Gehirns, der rechten wie der linken Großhirnhemisphäre. Was aber nicht bedeutet, dass alle Gehirnbereiche gleich aktiv sind: Einige Netzwerke im Gehirn sind aktiver als andere, und zur Kreativität gehört auch, dass quasi bestimmte, gerade im Stirnlappen gelegene Areale weniger aktiv sind, ja in ihrer Aktivität regelrecht unterdrückt werden. Letzterer Befund ist besonders interessant. So haben eine Reihe von Untersuchungen gezeigt, dass gerade die laterale präfrontale Region (seitlich direkt hinter der Denkerstirn gelegen, siehe Abb. 2) heruntergedimmt wurde, wenn Künstler, Musiker und Wissenschaftler besonders viele neue Ideen hatten.

Das bedeutet: Um besonders kreative, neuartige Ideen zu haben, muss die Aktivität im Frontal-(Stirn-)Lappen besonders stark abgesenkt sein, damit der Stirnlappen nicht die neuronale Verarbeitung hinsichtlich der bekannten Assoziationsbahnen im Gehirn steuert. Das nennt man die Hypofrontalitäts-Hypothese.

Das ist erstaunlich, denn genau dieser Teil des Stirnlappens ist für die bewusste Selbstkontrolle, die Bewertung sowie für die Hemmung von geplanten Handlungen zuständig – das, was wir häufig als Impulskontrolle bezeichnen. Wenn wir zum Beispiel bei einer Diät doch zu einem Stück Schokolade greifen, in Wut jemanden anschreien oder während eines Gesprächs mit einem Mitmenschen zum Handy greifen, obwohl wir wissen, dass das unhöflich ist, dann mangelt es an der Hemmung all dieser Impulse. Es ist aber auch genau der Bereich im Gehirn, der uns das Tagträumen erlaubt, wenn er in seiner Aktivität heruntergefahren ist – was bedeutet, dass wir nicht nur unseren Körper weniger gut im Raum lokalisieren können, sondern wir treten auch als Person hinter unseren Gedanken zurück.

Der Aha-Effekt in der neuronalen Momentaufnahme

Schauen wir mit etwas höherer zeitlicher Auflösung im Millisekundenbereich, was in unseren Gehirnen passiert – genau in den Momenten, in denen wir glauben, eine originelle, neue, eben kreative Idee zu haben.

Dass Geistesblitze irgendwie von einem Moment auf den nächsten über uns kommen, ist schwer zu glauben – aber selbst Menschen, die sich viele Jahre mit einem bestimmten Thema oder Forschungsfeld beschäftigen, haben nicht automatisch kreative Ideen. Wissen ist eine notwendige, aber nicht hinreichende Voraussetzung für kreatives Denken.

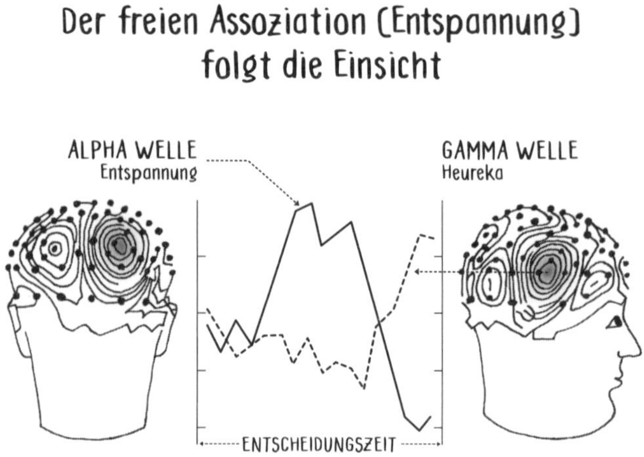

Abb. 4: EEG-Ableitungen zeigen die Orte des Aha-Effektes im Schläfenlappen der Großhirnrinde des Menschen. Wenn die Versuchspersonen aus einem vorgegebenen Buchstabensalat das richtige Wort entschlüsseln konnten, war diese Aktivierung sichtbar, kurz bevor die Probanden ausriefen: »Jetzt habe ich die Lösung!«

Bedarf es doch – wie in der Mythologie – einer Muse, die uns küsst? Sie können sich denken, dass moderne Neurowissenschaftler und Psychologen sich damit nicht zufriedengeben, sondern wissen möchten, was genau in unseren Gehirnen passiert, wenn wir eine plötzliche originelle Erkenntnis haben. Dabei konnten Wissenschaftler keine Belege dafür finden, dass es eine strikte Trennung zwischen der kreativen rechten Hirnhemisphäre und der zwar sprachbegabten, aber unkreativen linken Hirnhälfte gibt. In so einfachen Dichotomien findet Kreativität nicht in unseren Gehirnen statt. In der Tat gibt es aber Belege dafür, dass die Aufgaben zwischen den beiden Großhirnhemisphären nicht ganz gleich verteilt sind, wenn es um kreatives Denken geht. Die initiale Phase einer Problemlösung, also die bewusste Anwendung analytischer und logischer Regeln, findet vor allem in der linken Großhirnhemisphäre statt. Die rechte Hirnhälfte dagegen übernimmt die Rolle des Kritikers in dem Augenblick, in dem wir eine neue Einsicht haben und, von einem Moment auf den nächsten, Lösungsvorschläge generieren. Die Umstrukturierung eines Problems, also der Perspektivenwechsel, findet in der sprachunbegabten rechten Hirnhälfte statt, er geschieht weitgehend unbewusst. Aber erst wenn das Ergebnis an die linke Seite übermittelt wird, geht uns auch subjektiv ein Licht auf, der Problemlöser ist vom eigenen Denken überrascht. Dies ist oft mit einem intensiven Aha-Gefühl verbunden – daher auch der Begriff »Geistesblitz«.

Bildgebende Verfahren zeigen im rechten Schläfenlappen eine stark erhöhte Aktivität, kurz bevor uns eine originelle Lösung zu einem schwierigen Problem einfällt. Wann welche der beiden Großhirnhemisphären aktiv wird, hängt also davon ab, in welcher Phase der Ideenfindung man sich befindet. Fest steht aber auch: Um kreative Ideen entwickeln zu können, bedarf es eines ganzen Gehirns, eine Hälfte reicht nicht.

Geschwindigkeit spielt während kreativer Vorgänge übrigens keine entscheidende Rolle. Bildgebende Methoden weisen nach, dass bei kreativen Menschen ihre Gehirne häufig nicht die direktesten Verarbeitungswege im Gehirn nehmen; vielmehr fällt eine weitverzweigte und langsame Aktivierung über beide Hemisphären auf. Statt eines schnellen, energiereichen und hocheffizienten Transports von Informationen ist unser Gehirn bei kreativen Prozessen mit niedriger Energie auf Datennebenstrecken unterwegs – eine kuriose wissenschaftliche Erkenntnis in Zeiten, in denen alles, was schneller wird, auch ein besseres Resultat liefern soll.

DER AHA-MOMENT

Den kurzen schlagartigen Augenblick der Erkenntnis bezeichnet der Begriff »Aha-Moment«. Der Groschen ist gefallen, und es hat Klick gemacht. Plötzlich sind einem, zuvor rätselhafte, Zusammenhänge klar, und man weiß, wo das Problem liegt. Dem Erlebnis, diese Einsicht gehabt zu haben, folgt meist eine positive Emotion. Wir freuen uns über die neue Erkenntnis. Der deutsche Psychologe Karl Bühler hat dieses Konzept des »Aha-Erlebnisses« 1907 eingeführt.

Spontane Einfälle nennt man auch Heureka-Effekt (Heureka, altgriechisch: »Ich habe es gefunden«). Nach einer Anekdote soll Archimedes von Syrakus laut »Heureka!« rufend durch die Straßen gelaufen sein, nachdem er – wohl ein Bad nehmend – das später nach ihm benannte Archimedische Prinzip entdeckte. Das besagt: Der statische Auftrieb eines Körpers in einem Medium ist genauso groß wie die Gewichtskraft des vom Körper verdrängten Mediums. Archimedes verdrängte mit seinem Körper das Wasser in der Wanne, und das schien ihm eine wahrhaft wichtige Erkenntnis.

Unsere subjektive Wahrnehmung der sich plötzlich einstellenden Einsicht hält auch einer objektiven Überprüfung stand: Die Psychologin Janet Metcalfe, die an der Columbia University in New York forscht, ließ hierfür Probanden über kreative Probleme grübeln und bat, während des Nachdenkens gleichzeitig mit den Worten »heiß« oder »kalt« anzugeben, ob sie sich der Lösung nahe fühlten oder nicht. Das Ergebnis: Noch wenige Augenblicke vor dem Aha-Erlebnis fühlten sich die Probanden genauso ratlos wie zu Beginn – bis der neue Einfall plötzlich da war. Und doch war dies nur der Nachklang einer neuronalen Melodie im rechten Temporallappen, der eine neue assoziative Verknüpfung herstellen konnte, die von der linken Gehirnhälfte registriert und dem Bewusstsein zugeführt wurde.

Das Zusammenspiel von drei Netzwerken

Ein Aspekt, der aus Sicht der Neurowissenschaften an kreativen Menschen spannend ist, ist der Befund, dass sie besonders gut zwischen freier Assoziation (z. B. beim Tagträumen) und fokussierter Aufmerksamkeit wechseln können. Dies bedeutet übersetzt auf die Gehirnaktivität, dass sie Gehirnnetzwerke gut aktivieren und deaktivieren können: Kreativen Menschen gelingt vor allem der Wechsel zwischen dem fantasievollen Simulations-Netzwerk und dem fokussierten Aufmerksamkeits-Netzwerk sehr gut. Er wird orchestriert vom Protokoll-Netzwerk, welches mit der Inselrinde, die häufig wegen ihrer versteckten Lage vergessen wird zu nennen, dazu beiträgt, dass Gehirne kreative Ideen hervorbringen können. Bei den meisten Menschen stehen diese Aktivierung und Deaktivierung eher in Konkurrenz zueinander, was das Kreativitätspotenzial deutlich einschränken kann.

Kreativität hängt demnach nicht von einer einzelnen Gehirnhälfte ab – schon gar nicht von nur einem Gehirnareal, sondern von verschiedenen Netzwerken im Gehirn, die über beide Hemisphären verteilt sind und in unterschiedlichen Phasen eines kreativen Prozesses sowohl bewusst als auch unbewusst unterschiedliche Aufgaben erfüllen. Erst die Zusammenarbeit dieser neuronalen Netzwerke generiert Neues und überwindet festgetretene Denkgewohnheiten.

Die drei für die Kreativität und die Entstehung von Ideen entscheidenden neuronalen Netzwerke (Aufmerksamkeits-Netzwerk, Simulations-Netzwerk, Protokoll-Netzwerk) bedürfen einer tiefergehenden Erklärung.

Das fokussierte Aufmerksamkeitssystem

Sobald wir ein Problem oder eine Fragestellung identifiziert haben, auf die es sich lohnt, kreative Antworten zu finden, ist dies eine Folge des konzentrierten und bewussten Nachdenkens mit Hilfe des Aufmerksamkeits-Netzwerks. Es beinhaltet das Arbeitsgedächtnis, das unsere Ziele im Auge behält und bestimmt, welche Wahrnehmungen und Gedanken in unser Bewusstsein gelangen und welche unterdrückt werden sollen. Das dorsale, also rückseitig gelegene Aufmerksamkeitssystem (siehe Abb. 5) umfasst räumliche Sehareale – das frontale Augenfeld im Stirnlappen und den intraparietalen Sulcus im hinteren Scheitellappen.

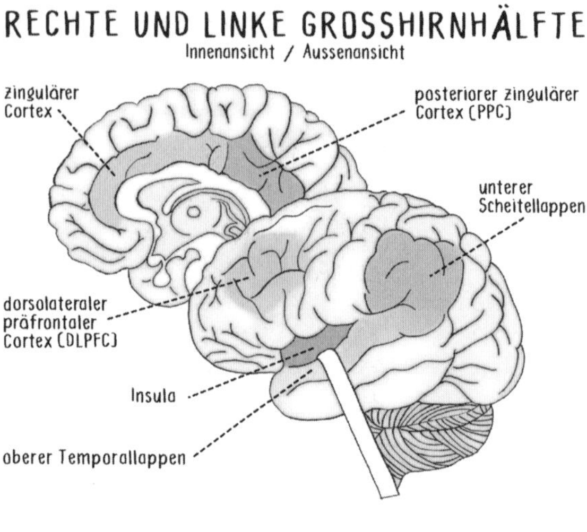

Abb. 5: Gut vernetzt: Die für kreative Leistungen wichtigen Netzwerke im Gehirn arbeiten bei besonders kreativen Menschen gut zusammen. Der hintere Teil des Cingulären Cortex sowie die Insula sind Bestandteile des Default-Mode-Netzwerkes (Simulations-Netzwerk), das Ideen generiert. Der DLPFC ist an der exekutiven Kontrolle und Bewertung beteiligt (Exekutiv-Netzwerk oder Aufmerksamkeits-Netzwerk), während im oberen Temporallappen Wissen abgerufen wird. Der untere Scheitellappen wiederum erkennt relevante Reize (Salienz-Netzwerk oder Protokoll-Netzwerk).

Zu diesem Netzwerk, das wie ein Scheinwerfer im Theater einzelne Aspekte einer Szene, eines Zusammenhanges oder Textes selektiv hervorhebt und die fokussierte Aufmerksamkeit fördert, zählen präfrontale Stirnlappenareale. Sie liegen vor allem am vorderen Teil des Gehirns, an oberen und seitlichen Abschnitten (ein Gehirnareal ist hier der dorsolaterale präfrontale Cortex, DLPFC). Dazu gehören auch Bereiche des Scheitellappens, die eher im hinteren Teil des Gehirns angesiedelt sind. Das Netzwerk ist nötig, um sich nur auf diejenigen Aspekte einer komplexen Situation zu konzentrieren, die für die Aufgabenstellung und Lösungsfindung relevant sind.

Das träumerische Simulations-Netzwerk

Die zu diesem System gehörenden Areale werden auch Tagtraum-Netzwerk oder Default-Mode-Netzwerk genannt, und diese Begriffe lassen bereits erahnen, welche unserer Fähigkeiten hier im Vordergrund stehen. In diesem Modus erforscht das Gehirn sich selbst, die Gedanken gehen quasi auf eine innere Erkundungstour. Denn unser Gehirn macht nie nichts – nicht einmal beim Dösen oder Schlafen –, die Neuronen im Gehirn sind nie im Stillstand. Gemessen am Energieverbrauch sind sie auf nahezu gleichem Niveau immer aktiv, häufig im Tagtraum-Modus.

Untersuchungen des Kognitionswissenschaftlers Randy Buckner und seiner Kollegen dokumentieren, dass das Default Mode Network auch aktiv wird, wenn wir uns neue Gedankenwelten »erträumen«. Freie Assoziationen der Erinnerungen an vergangene Erlebnisse, Gedanken an die Zukunft und aktuelle Empfindungen vermischen sich und setzen sich womöglich neu zusammen. Die Aktivität des Simulations-Netzwerkes kann bis zu 50 Prozent unserer wachen Zeit in Anspruch nehmen. Zum Simulations-Netzwerk gehören in beiden Großhirnhemisphären

Areale, die Bereiche des medialen Schläfenlappens umfassen, sowie mehrere innere und äußere Abschnitte des Scheitellappens (siehe Abb. 5).

All diese Komplexe sind sehr tief gelegen und verbergen sich so vor den einfachen Blicken auf das Gehirn, fast so, als wollten sie nicht nur dem bewussten Denken ihre Sichtbarkeit verheimlichen, sondern auch den neugierigen Blicken der Hirnforscher entgehen. Das Netzwerk von Gehirnregionen, die im Grundzustand aktiviert werden, schließt unter anderem den medialen präfrontalen Cortex, der für Entscheidungen und das Bewerten von Wahrscheinlichkeiten wichtig ist, den hinteren Gyrus cinguli, der an der Verknüpfung von Erinnerungen und Gefühlen beteiligt ist, und zusätzlich seitliche Anteile des Scheitellappens ein. Diese Gehirnareale steigern immer dann ihre neuronale Aktivität, wenn wir einfach mal nichts tun und unser Geist frei ist.

Die Aktivität im Netzwerk zur Aufmerksamkeitssteigerung ist hierbei mit einem umgekehrten Vorzeichen zu den Tagträumen korreliert: Im Tagtraum-Modus sind die Areale besonders aktiv, die im Aufmerksamkeits-Netzwerk verstummen. Wie jeder an sich erleben kann, wenn er einem langen Vortrag folgen soll, kämpfen beide Netzwerke miteinander darum, wer die Oberhand gewinnt. Bleiben wir aufmerksam oder träumen wir vor uns hin, während der Redner vorne auf der Bühne spricht oder der Chef seine monatliche Ansprache an alle Mitarbeiter hält?

Für kreative Prozesse werden beide Netzwerke benötigt. Ideen, die beim Tagträumen generiert werden, unterliegen erst mal nicht dem »Urteil« und der Gerichtetheit des Stirnlappens.

Allerdings reicht es nicht aus, den ganzen Tag im Tagtraum-Modus aus dem Fenster zu schauen, um auf eine gute Idee zu kommen. Entscheidend ist, zwischen seinen verschiedenen Netzwerken wechseln zu können. Und dafür ist ein weiteres Netzwerk wichtig, dass zwischen fokussierter Aufmerksamkeit und divergenter Simulation pendelt und den Übergang zwischen beiden Prozessen einleitet: das Protokoll-Netzwerk.

Das beobachtende Protokoll-Netzwerk

Es ist das Netzwerk für Besonderes, Auffälliges, Hervorstechendes – deshalb wird es auch Salienz-Netzwerk genannt (lat. *saliens* – springend, hüpfend). Es veranlasst den Wechsel zwischen innerer und äußerer Fokussierung, also zwischen den Tagtraum- und Aufmerksamkeits-Netzwerken. Seine Aufgabe ist es, die Umwelt ebenso wie die innere Gedankenwelt nach außergewöhnlichen, besonderen oder hervorspringenden Begebenheiten abzuscannen und quasi den Strom des Bewusstseins im Gehirn zu protokollieren und wie eine Gedankenweiche die Richtung des Bewusstseinsstroms je nach auftretenden Hindernissen und Besonderheiten abzuändern. Es ist dafür verantwortlich, dass wir den Fokus unserer Aufmerksamkeit unter bestimmten inneren oder äußeren Umständen verändern. Zu diesem Netzwerk gehören der dorsale Anteil des anterioren Cingulären Cortex (dACC) und der vordere Teil der Insula (AI, anteriore Insularegion), wie in Abb. 5 zu sehen ist.

Die Inselrinde ist ein spannender und häufig übersehener Teil der Großhirnrinde. In der Tat wurde diesem großen Gebiet lange keine nennenswerte Beachtung geschenkt. Es liegt tief vergraben in der Großhirnrinde und wird verdeckt von gleich drei Großhirnlappen (dem Stirn-, Schläfen- und Scheitellappen). Aber die Inselrinde hat eine immense Bedeutung: Hier findet eine emotionale Bewertung von inneren Gefühlen und äußerer Wahrnehmungen statt, und erst die Aktivierung der Inselrinde initiiert, dass uns diese Gefühle bewusst werden. Hier werden nicht nur die eigenen Gefühle, sondern auch die Gefühle anderer Menschen

(Empathie) festgehalten. Neben Empathie scheint die Insula am Gefühl der Fairness genauso beteiligt zu sein wie an spontanen Ideen oder dem Prozess der Entscheidungsfindung. Besonders interessant ist ihre Aktivität bei der Aufmerksamkeit bezüglich unseres akuten Befindens. Dieses nach innen gerichtete »Auge« mag ein Grund sein, warum die Insula beim Menschen im Vergleich zu seinen evolutiv nächsten Verwandten, den Menschenaffen, überproportional größer ausfällt. So können wir uns der in unserem Gehirn ablaufenden Prozesse gewahr werden. Die Insula beteiligt sich maßgeblich daran, welche Netzwerke im Gehirn gerade die Aktivitätsoberhand haben; hier werden die Anteile bestimmt, die jedes Netzwerk am Wahrnehmen, Denken und Handeln hat. Das Cingulum mit seinem dorsalen ACC unterstützt die Insula (Abb. 5) dabei, sobald widerstreitende Interessen im Gehirn detektiert werden oder wenn Inkonsistenzen jedweder Natur erkannt werden. Dazu zählen auch Widersprüche in Gedankengängen oder sich entgegenstehende Ziele – z. B. wenn man sich in einer ethisch kniffligen Situation entscheiden muss, auf einen eigenen Vorteil zu verzichten, damit jemand anders zum Zug kommt.

Wenn im Gehirn alle Areale kooperieren

Flexibilität und damit die Plastizität des Gehirns sind unverzichtbar für kreatives Denken. Deshalb ist es so wichtig, verschiedene Lösungsstrategien und prinzipiell unterschiedliche Denkmethoden anzuwenden, wie wir sie in den vielen verschiedenen Übungen in diesem Buch vorstellen. Natürlich ist auch konzentriertes Nachdenken erforderlich, um eine konkrete Lösung zu finden (konvergentes Denken). Jedoch braucht der Mensch während kreativer Gedankenarbeit Momente, die das große Ganze erfassen, und immer wieder Phasen, in denen die Wahrnehmung auf der Suche nach äußeren oder inneren Zusammenhängen umherschweifen kann (divergentes Denken).

Bei einem IQ-Test haben die Personen mit den besten Ergebnissen eine starke Aktivierung in einigen wenigen Gehirnarealen (Fokussierung), wie bildgebende Verfahren gezeigt haben. Bei kreativen Aufgaben dagegen schneiden die Menschen am besten ab, bei denen insgesamt eine hohe Kooperationsfreudigkeit (Koppelung) verschiedener Gehirnareale untereinander festzustellen ist. Daraus könnte man jetzt ableiten, dass ein hoher IQ-Wert und hohe Kreativität sich ausschließen. Man könnte vermuten, dass kreative Gehirne großflächig auf Sparflamme arbeiten. Das aber wäre zu einfach gedacht (siehe Seite 46), denn es gibt eine Schnittmenge an Menschen, deren Gehirne ihren Modus zwischen hoher, fokussierter Aktivität und niedriger, verteilter Aktivität hin- und herschalten können. Das bedeutet, es gibt sehr kreative Menschen, die einen hohen IQ-Wert haben, und umgekehrt, dass ein hoher IQ-Wert Kreativität nicht im Weg steht. Aber es gilt auch, dass Menschen, die sich nur schwer konzentrieren können, zwar leicht ablenkbar sind und einen ganz normalen IQ-Wert haben, aber sehr kreativ sein können.

Weiterhin konnte festgestellt werden, dass die Probanden in Momenten des Ideenreichtums einen langsamen und gleichmäßigen Gehirnrhythmus haben. Diesen Rhythmusbereich bezeichnet man als Alpha-Wellen (8 bis 12 Wellenberge pro Sekunde). Das entspricht übrigens dem Gehirnrhythmus, den die meisten Menschen beim Aufwachen oder beim entspannten Duschen haben. Erstaunlich war der Umstand, dass Menschen, die sich als besonders kreativ erwiesen, quasi wechseln konnten zwischen normaler EEG-Aktivität und dem Gedanken-assozierten Tagtraum-Modus im Alpha-Frequenzbereich. Dass dieser Wechsel nicht angeboren sein muss, sondern in gewisser Weise trainiert werden kann, belegen weitere Experimente. Und auch, dass ein

Wechsel zwischen fokussierter, energiegeladener Gehirnaktivität und langsamer Verarbeitung im Sparmodus beim Lösen von kreativen Aufgaben den »Königsweg« darzustellen scheint.

Gewohnte Denkpfade verlassen

Eine neue Seite an einem Problem zu entdecken, hilft auch dabei, die Lösung zu finden. Wie gut diese Taktik funktioniert, hat 2012 der Kognitionswissenschaftler Tony McCaffrey von der University of Massachusetts in Amherst, USA, gezeigt. In einem Experiment stellte er Probanden verschiedene Rätsel, die es mit kreativem Denken zu lösen galt. Zum Beispiel sollte man zwei Stahlringe miteinander verbinden, hatte als Hilfsmittel aber nur ein Streichholz, eine Kerze und einen scharfkantigen Stahlwürfel zur Verfügung. Klar, dass hier falsche Fährten gelegt werden: Die Kerze mit dem Streichholz anzuzünden, um das Wachs als Kittmasse zu nutzen, funktioniert nicht; die Ringe sind zu schwer. Der Clou des Experiments bestand darin, dass zwei Versuchsgruppen ganz anders auf dieses kleine Denkexperiment vorbereitet wurden: Eine Gruppe absolvierte keine weiteren »Vorübungen«, die andere Gruppe hatte als Aufgabe, Gegenstände in ihre Einzelheiten zu zerlegen und aus ihren Bestandteilen heraus zu beschreiben, ohne zu wissen, wofür das gut sein sollte. Diese Gruppe kam nun nach der achtminütigen Eindenkzeit signifikant häufiger auf die richtige Lösung als die unvorbereitete Vergleichsgruppe. Nämlich: mit dem Würfel das Wachs vom Docht kratzen und mit dem Docht die beiden Stahlringe aneinanderbinden.

Ein anderer genialer Versuchsaufbau stellte sich die Frage, ob man nach dem Lesen von Kafka-Texten kreativer ist. Die Geschichten von Franz Kafka (1883–1924) können tief verstörend sein, denn oft stimmen Erzählstil und die berichteten Ereignisse in keiner Weise zusammen, und vieles bleibt rätselhaft, ja unauflösbar. Der Begriff »kafkaesk« für »auf unheimliche Art unverständliche Begebenheiten und Texte« ist sprichwörtlich. Nach dem Lesen der Kurzgeschichte »Der Landarzt« von Franz Kafka mussten die Probanden kreative Aufgaben lösen. Als Vergleichsgruppe dienten andere Versuchsteilnehmer, die einen einfachen, klar aufgebauten Text gehört hatten.

Die Kafka-Gruppe schnitt nun doppelt so gut (!) bei der Aufgabe ab wie die Vergleichsgruppe. Vielleicht auch aus Erleichterung darüber, eine nun lösbare Aufgabe vorgelegt bekommen zu haben, aber vor allem wohl deswegen, weil ihre Gehirne auf Unerwartetes vorbereitet waren. Der Kafka-Text hat die Erwartungshaltung des Gehirns getäuscht. Unter solchen und anderen ähnlichen Rahmenbedingungen suchen wir also eher nach nicht offensichtlichen und versteckten Lösungen. Verfällt das Gehirn in diesen »Mystery«-Suchmodus, werden die Fantasie und unser Simulations-Netzwerk im Gehirn verstärkt angeregt – und diese bereits im Vorfeld angeregten neuronalen Zentren tun sich dann auch leichter bei der Suche nach verborgenen Mustern in einer Denkaufgabe. Erst wenn diese Mustererkennungssysteme aktiviert werden, sind Regelverletzungen leichter zu detektieren. Das Gehirn wird so regelrecht »auf Trab gebracht«. Es sucht nach einer kohärenten Interpretation einer Lösung und ist eher bereit, hierbei auch ungewöhnlichere Wege zu gehen. Kurzum: Das Gehirn tut sich leichter, gewohnte Denkpfade zu verlassen, wenn wir uns vorher auf Ungewöhnliches eingelassen haben oder auf andere Art überrascht wurden. So entsteht eine Offenheit für ein neues »Out of the box«-Denken.

Tagträumen: Kreativ arbeiten wir am besten, wenn wir vermeintlich nichts tun

Nichts ist schlimmer als verträumte Schüler und Schülerinnen oder Mitarbeiter und Mitarbeiterinnen, die gedankenverloren, fast geistesabwesend, aus dem Fenster starren und offensichtlich weder dem Unterricht noch der Besprechung folgen. Und natürlich ist der verpasste Informationsgehalt problematisch, auch ein gewisses Maß an Unhöflichkeit ist störend, aber immer wieder zeigen wissenschaftliche Untersuchungen über Momente, in denen originelle Ideen geboren wurden, dass diese Tagtraumphasen eine oft notwendige Voraussetzung für kreative Prozesse sind.

Das überrascht zunächst, denn ist nicht der Denker von Rodin ein kraftstrotzender Geistesriese, der fokussiert und konzentriert über die Lösung eines Problems nachdenkt? Und auch dem widerspricht die Forschung zu kreativen Prozessen im Gehirn nicht.

WIE GEHT DENN NICHT DENKEN?

»Wer am Tag träumt, wird sich vieler Dinge bewusst, die dem entgehen, der nur nachts träumt.« Das stammt aus der Feder des amerikanischen Schriftstellers Edgar Allen Poe.

Wenn unser Gehirn auf Wanderschaft gehen soll und wir in den Tagtraum-Modus gleiten wollen, geschieht das bei den meisten Menschen nicht per Knopfdruck. Mal schnell den Schalter umlegen und das fantasievolle Simulations-Netzwerk anknipsen, will geübt sein. An nichts zu denken, also den Ruhemodus im Gehirn einzuschalten, kann man durch Meditation verstärken, durch Atemübungen, aber auch während monotoner, sich wiederholender, einförmiger, reizarmer Tätigkeiten wie gehen, wandern, Zähne putzen, eine Holztür per Hand abschleifen, einen Hefeteig kneten, stricken oder auch Auto fahren bei wenig Verkehr, kein Stau, und man gleitet auf der Autobahn bei 130 km/h so dahin.

Im Gedächtnis bereits vorhandene assoziative Verbindungen zwischen Ideen und Vorstellungen werden in diesen Phasen des Tagträumens abgeschwächt, und häufig können erst so neue Verknüpfungen gebildet werden! Ein wenig Entspannung und zeitlicher Abstand verändern den Blick auf das Problem, ohne dass uns dieser Vorgang bewusst wird. Das gewährt uns alternative Einsichten und schafft die Voraussetzungen für neue Lösungsansätze. Untersuchungen des niederländischen Sozialpsychologen Ap Dijksterhuis von der Universität in Nijmegen bestätigen das: Wurden Probanden beim Problemlösen abgelenkt und hatten Zeit fürs »Nichtstun«, also Tagträumen, hatten sie nach dieser Unterbrechung besonders viele Ideen.

Eine spannende Frage ist: Was beflügelt nun mehr die Kreativität – fokussiertes Nachdenken oder weitschweifiges Tagträumen? Am Ende langer Forschungsbemühungen zu einem Thema, was sich nur schwer wissenschaftlich objektivierbar und reproduzierbar erforschen lässt, zeigt sich: Beide Wege können zum Erfolg führen. Wenn Nachdenken und Tagträumen im Wechsel erfolgen, steigt die Wahrscheinlichkeit für kreative Ideen deutlich. Beide Wege funktionieren nicht, wenn man auf dem betreffenden Gebiet kein Vorwissen besitzt.

Kreative Prozesse beginnen nicht im Tagträumen (wer nur geistig abwesend ist, lernt nichts) und enden nicht im Tagträumen (meist muss man aus neuen Ideen fokussiert und bewusst auswählen, was taugen könnte), aber in den Zeiten dazwischen, kann Tagträumen ein echter Beschleuniger für originelle, neuartige und sogar weltbewegende Ideen sein.

Dies ist ein Schnittpunkt, wo sich die Ideen zur Evolutionsbiologie und der Entstehung neuer Ideen im Kopf treffen: Gehirne produzieren im Tagtraum-Modus Ideen (mentale Modelle), die in Simulationen in verschiedenen Varianten (Mutationen) getestet werden. Viele kleine Simulationsvariationen können sich dann zu einer größeren neuen Idee verbinden. Viel mehr, als uns selbst bewusst ist, kommen neue Ideen zu uns über das Tagtraum-Netzwerk, sie fließen quasi im Unbewussten, in Momenten der Ruhe und Entspannung, und in diesem verborgenen Ozean des Unbewussten formen sich Mutationen von Ideen, und kleinere und größere Assoziationen von vorhandenen Wissenselementen bilden sich heraus. Erst wenn sich diese vielen Ideen geformt haben, werden sie evaluiert und weiter prozessiert. Oft kommt erst hier das bewusste Aufmerksamkeits-Netzwerk ins Spiel und wählt aus den vielen mutierten Ideen die »lebenstauglichen« aus. Den Wechsel vom Tagträumen (Default-Mode-Netzwerk) zum bewussten Nachdenken, der Moment, an dem eine neugeborene Idee evaluiert wird, bewerkstelligt das Protokoll-Netzwerk.

Besonders kreative Menschen generieren schneller »mutierte Ideen« und können so aus einem größeren Pool auswählen. Wenn Physiker und Künstler in einem MRT-Gerät getestet wurden, während sie neue Wörter generieren sollten, zeigen beide Gruppen eine höhere Aktivität in den Gehirnarealen, die zum Default-Mode-Netzwerk gehören. Auch das »Big C Project« an der University of California Los Angeles in den USA untersucht besonders kreative Menschen und konnte 2021 zeigen, dass diese weniger Gehirnaktivierung benötigen, um ein Problem zu lösen, als Menschen aus einer Vergleichsgruppe. Kurzum, sie hatten eine erhöhte Effizienz. Somit ergibt sich auch ein Bezug zum Talent oder der Begabung, welche vielleicht einfach nur eine Tendenz des Gehirns ist, dem nachzugehen, was weniger Energie kostet, oder umgekehrt, das zu meiden, was einem schwerfällt. Denn was mühsam ist, bedeutet einen erhöhten Energieaufwand im Gehirn. Und das hat die Evolution sicher nicht begünstigt. Zur Erinnerung: Die oberste Prämisse für unser Gehirn ist, mit einem möglichst geringen Energieverbrauch ans Ziel zu gelangen.

Hilfreich ist es, wenn unser Stirnlappen als rationale Kontrollinstanz nicht allzu aktiv ist und sich nicht zu früh einschaltet. Genau wie ein überkritischer und negativ eingestellter Mitarbeiter im Brainstorming alle Ideen durch Zweifel oder Perfektionismus zerstören kann.

Wichtig ist also: Lassen Sie Ihr Gehirn im Tagtraumodus neue Ideen durch Neuordnung und Assoziation suchen – zunächst ohne zu urteilen – und prüfen Sie dann erst diese Ideen auf Herz und Nieren.

Neuronales Ping-Pong-Spiel zwischen Anspannung und Lockerung

Entscheidend für das neuronale Verständnis kreativer Denkprozesse ist, in welcher Phase des kreativen Prozesses welches Netzwerk im Gehirn aktiv ist, wann alle Netzwerke zusammenarbeiten, aber auch wann welche Gehirnaktivität in welchem Netzwerk gerade unterdrückt wird. Für die Lösung eines komplexen Problems kann es zum Beispiel entscheidend sein, ganze Netzwerke oder zumindest Teile von ihnen abzuschalten.

In Situationen, in denen man seine Assoziationsmöglichkeiten erweitern will, ist es vorteilhaft, das Aufmerksamkeitssystem weitgehend stillzulegen. Diese bereits beschriebene (siehe

Einladung mit Wow-Faktor

Begrüßen Sie heute einen Kollegen/Ihren Chef/eine Freundin/die Erzieherin in der Kita/den Pförtner etc. anders als sonst – einfach ungewöhnlich. Vielleicht schreiben Sie ein nettes Wort auf einen Zettel, senden einen fröhlichen Song aufs Handy, stellen eine witzige Motto-Karte vor den Computer, …

Seite 59) Offline-Schaltung des Stirnlappens (Hypofrontalität) zeigte sich in Untersuchungen mit Probanden, die Alltagsgegenstände mit ungewöhnlichen Verwendungsmöglichkeiten assoziieren mussten: Je schwächer der Stirnlappen aktiv war, desto mehr originelle Anwendungen fielen den Probanden ein. Es ist zielführend, wenn Erinnerungen und Erlebnisse weniger stark gefiltert werden.

Die Bedeutsamkeit des Zusammenspiels von Protokoll-Netzwerk und Simulations-Netzwerk belegen Untersuchungen des Neuropsychologen Rex Jung an Jazz-Musikern, während sie kreativ improvisieren und dabei ständig neue Rhythmen entwickeln und ausprobieren. In den Tagtraum-Zuständen des Simulations-Netzwerkes zeigte sich, dass die untersuchten Jazz-Musiker besonders gut neue Ideen generieren konnten, quasi in einem Assoziationszustand, in dem der präfrontale Cortex inaktiviert ist und seine »Wächter«-Funktion nicht ausübt. Aber »überflüssig« ist der präfrontale Cortex bei assoziativen künstlerisch-musischen Leistungen auch nicht, denn wenn neue Ideen in Masse generiert werden, muss das Aufmerksamkeits-Netzwerk im Gehirn wieder aktiviert werden, damit der Künstler konzentriert und bewusst evaluiert, welche Ideen, Kompositionen, Abläufe oder Produkte sinnvoll sein könnten und welche Ideen zwar neu, aber leider trotzdem nutzlos sind. Letztendlich halten eben nicht alle vermeintlich guten und neuen Ideen einer kritischen Überprüfung stand – und wie bei einer gut funktionierenden und aufeinander abgestimmten Jazzband muss auch das Zusammenspiel der Areale im Gehirn harmonisch aufeinander abgestimmt sein.

Studien von Darya Zabelina von der North Dakota State University in den USA zeigten dies mit Hilfe des Stroop-Tests: Abwechselnd erschienen den Probanden Farbwörter in der richtigen Farbe (»Blau« in blauen Buchstaben) oder in der falschen Farbe (»Blau« in roten Buchstaben). Stimmten das geschriebene Farbwort und die Farbe der Buchstaben nicht überein, so brauchten die Probanden länger, um die richtige Farbe der Buchstaben zu benennen. Kreativen Studenten fiel es leicht, den Wechsel zwischen beiden Gegebenheiten (passsend/unpassend) nachzuvollziehen. Sie waren kognitiv besonders flexibel. Flexibilität scheint bei vielen kreativen Menschen eine charakteristische Fähigkeit zu sein.

Hirnphysiologisch gesehen ist Intelligenz schnell und bewegt sich über große Datenautobahnen, während Kreativität langsamer ist und auf Nebenstrecken durch das Gehirn fährt und dabei Umstände und Ideen auf oft ungewöhnliche Art und Weise miteinander assoziiert.

Hikaru Takeuchi, Leiter der Abteilung für kognitive Entwicklungen von der Tohoku Universität in Japan, legte mit einem Versuch dar, dass Menschen, die erfolgreich kreative Aufgaben lösen können, einerseits ihr Aufmerksamkeitssystem zu aktivieren vermochten, es aber gleichzeitig schafften, ihr Simulations-Netzwerk ebenfalls im aktiven Zustand zu halten. Konzentration und Offenheit für Ungewöhnliches arbeiten gemeinsam und zusammen, wie er und sein Team in verschiedenen Studien in den vergangenen zehn Jahren zeigen konnte.

Zunächst wägt das Aufmerksamkeits-Netzwerk ab, ob ein unorthodoxer Einfall zur Lösung des Problems beiträgt (Evaluationsphase). Studien der Psychologin Kalina Christoff an der kanadischen Universität von British Columbia bewiesen es: Als sie Designstudenten beauftragte, Ideen für variierende Buchumschläge zu entwickeln, zeigte sich mit Hilfe von bildgebenden Verfahren in der Evaluation der eigenen Ideen eine vermehrte Aktivierung des Stirnlappens, wohingegen der Stirnlappen in der Ideenfindungsphase weniger aktiv war.

Daher ist Kreativität stets die Aufgabe aller Bereiche des Gehirns. Außerordentlich kreative Menschen sind diejenigen, die virtuos und im idealen Moment ihren mentalen Zustand mit einer entsprechenden Aktivierung (und Inaktivierung) der richtigen Gehirnnetzwerke hervorrufen können.

GEISTIGE BEWEGUNG IST AN PHYSISCHE BEWEGUNG GEKNÜPFT

Prof. Gerd Kempermann, Zentrum für Regenerative Therapien Dresden und Deutsches Zentrum für Neurodegenerative Erkrankungen e. V., Technische Universität Dresden

Wissenschaftler ist der wunderbarste Beruf, den ich mir vorstellen kann. Mein Mentor Fred H. Gage hat einmal ausgerufen, als wir über unseren Forschungsergebnissen saßen: »Ich kann nicht glauben, dass wir dafür auch noch bezahlt werden!« Man braucht in einer wissenschaftlichen Karriere zwar zugegebenermaßen sehr viel Glück, aber ich glaube, dass der eigene Beitrag immerhin darin liegen sollte, dem Glück auch eine Chance zu geben. Picasso soll gesagt haben, dass die Muse dich arbeitend vorfinden müsse. Und da ist viel Arbeit in der Etappe der »normalen Wissenschaft« zu leisten. Aber die kleinen und größeren Heureka-Erlebnisse, die die ganze Karriere beflügeln, kommen nur, wenn man von der Routine aufblickt und die Muse willkommen heißt. Das ist die Stelle, an der die Kreativität ins Spiel kommt. Kai Simons hat das »Move sideways!« (Beweg dich seitwärts!) genannt. Dazu braucht man neben der äußeren Wissenschaftsfreiheit (die ja bei uns sogar Verfassungsrang hat) vor allem auch eine innere, die man sich nur immer wieder selbst erarbeiten kann, und etwas Mut, die Freiheit zu nutzen.

Mir helfen dabei drei Dinge. Erstens eine anregende Umgebung. In meiner Postdoktorandenzeit war ich am Salk Institute in Ja Jolla, Kalifornien, das nicht nur eines der besten biologischen Institute der Welt ist, sondern auch ein spektakulärer Bau hoch über dem Pazifik. Ich bin überzeugt, dass dieser Ort damals zu uns gesprochen und uns dazu angeregt hat zu untersuchen, wie aktive Erfahrung der Umwelt das Gehirn formt. Und dieses Thema hat mich seitdem nie mehr losgelassen. »Umgebung« sind in der Praxis auch viele Gespräche und Diskussionen mit Kollegen, Freunden und Familie, manchmal in abwegigen Zusammenhängen, die kreative Assoziationen in Gang setzen. Sowohl die Orte wie auch die Menschen muss man suchen.

Meine zweite Bedingung für Kreativität ist Bewegung: mir kommen viele gute Ideen beim Laufen. Geistige Bewegung ist, davon bin ich überzeugt, an physische Bewegung in der Welt geknüpft. Auch das untersuche ich in meiner Forschung. Und drittens das Schreiben. Ich schreibe sehr gern (darum ist dieser Text auch länger als angefragt), oft auch erst einmal einfach drauf los und assoziativ und dann in vielen Schleifen überarbeitend. Ich experimentiere gern mit Sprache. Eigenes Schreiben ist für mich die adäquate Bewegung in den Hallen, Archiven, Wohnzimmern, Wäldern und Kirchen des Geistes. Hermann Burger hat das (nach Kleist) »die allmähliche Verfertigung der Idee beim Schreiben« genannt. Kreativität ist also für mich etwas, das mir passieren kann, wenn ich ihm die Chance gebe.

KAPITEL 3

TESTEN: Wie kreativ bin ich?

»Die Vorstellungskraft ist der Anfang der Schöpfung.
Man stellt sich vor, was man will –
man will, was man sich vorstellt –
und am Ende erschafft man, was man will.«

George Bernard Shaw (1856–1950)

Sicherlich bewundern Sie Leonardo da Vinci dafür, wie unvergleichlich er die lächelnde Mona Lisa malte. Vielleicht ziehen Sie auch den Hut vor Elon Musk – mit Tesla, SpaceX, X (ehemals Twitter) und vielen weiteren Technologiefirmen einer der reichsten, bekanntesten, innovativsten, wenn auch umstrittensten Unternehmer. Oder bestaunen Sie den niederländischen Chemiker und Atmosphärenforscher Paul J. Crutzen, der den Begriff des Anthropozän prägte und bereits in den 1970er Jahren bedeutende Beiträge zum Ozonabbau und zur Vorhersage des Klimawandels gemacht hat? Und bestimmt sind Sie Ugur Sahin und Özlem Türeci dankbar, dass sie über Jahrzehnte an die mRNA-Technologie glaubten und dann mit Biontech die Ersten waren, die einen mRNA-Impfstoff gegen das Covid-19-Virus entwickelten.

Sie alle haben etwas Neues, Großartiges geschaffen. Und tendenziell meinen wir, uns hinter solchen Größen verstecken zu müssen, und glauben, Kreativität sei nur wenigen Menschen, Künstlern, besonders erfolgreichen Unternehmern und großen

Wissenschaftlern gegeben. Aber stimmt das? Sind Sie im Kleinen nicht auch immer wieder damit beschäftigt, originelle Lösungen zu finden? Hatten Sie nicht selbst schon eine umwerfende Idee, für die Menschen Sie gelobt haben? Sind Sie vielleicht der leidenschaftliche Tüftler, den alle um Rat fragen, wenn sie selbst nicht mehr weiterwissen? Erbringen nicht auch Sie im Alltag jeden Tag erstaunliche kreative Höchstleistungen?

Wissenschaftler und Psychologen sind sich einig: Kreativität steckt in jedem von uns. Sie ist eine zum Teil angeborene Fähigkeit, tief verwurzelt in unserer menschlichen DNA, aber vor allem ist sie erworben durch Erfahrung, Training und die menschliche Neugierde, immer etwas Neues auszuprobieren. Wer meint, in seinem Leben nie kreativ gewesen zu sein, muss schon sehr kreative Methoden entwickelt haben, um sein persönliches kreatives Potenzial zu verbergen!

Es zu entfesseln, ist allerdings – wie wir bereits gesehen haben – ein äußerst individueller Prozess. Insofern muss jeder für sich selbst herausfinden, welche Faktoren eine kreative Leistung begünstigen. Man muss nicht tatenlos warten, bis einen die »Muse« küsst, wenn man dieses nicht ganz richtige Bild überhaupt verwenden will. Kreativität kann man trainieren – oder zumindest fördern. Und zwar umso leichter und effizienter, je besser man die Prozesse, die dahinterstecken, versteht.

Kann man den Kreativitätsquotienten messen?

Die Frage lässt sich schnell beantworten: Nein, denn schon IQ-Tests mit ihrer über 100-jährigen Tradition sind umstritten. Aber man kann sein kreatives Potenzial durchaus einschätzen (lassen).

Zählen Sie Ihre Aha-Momente! Führen Sie Strichlisten für gute (aber welche sind das?) Ideen! Machen Sie einen Kreativitätstest!

Das hört sich einfach an, ist aber wissenschaftlich ein komplexes Unterfangen. Denn es bedarf verschiedener Fragen, um auf unterschiedliche Aspekte einzugehen: sprachliche Kreativität, räumliches Vorstellungsvermögen, Problemlösungen, Kausalitäten und vieles mehr. Und anders als bei einem Intelligenztest existieren bei einem Kreativitätstest keine festen gültigen Lösungen.

Eine typische Kreativtestaufgabe könnte lauten: Entwickeln Sie innerhalb kurzer Zeit so viele Ideen wie möglich zu folgender Fragestellung: In einer alten Villa wird das erste Stockwerk restauriert. Als Innenarchitektin sind Sie dann verantwortlich, Wege zu finden, neue sperrige Möbel in den ersten Stock hoch zu bekommen. Auf wie viele Lösungen kommen Sie in zwei Minuten?[1]

Worte gesucht

Nehmen Sie zum Beispiel das Wort »Röte«. Stellen Sie einen Buchstaben vor das »R« z. B. Kröte, Tröte … Welche passen außerdem? Oder ersetzen Sie das »R« durch einen anderen Buchstaben: Flöte, töte, löte … Stellen Sie mehrere Buchstaben »röte« voran: Schildkröte, Abendröte, Zornesröte … Finden Sie weitere Begriffe?

Wann? Wo? Was?

Zu welcher Tageszeit haben Sie die besten zündenden Einfälle? Eher allein unter der Dusche oder zusammen mit anderen? Oder ist der Ort für Sie entscheidend? Oder was gerade um Sie herum passiert?

Fragt man Menschen, wann sie gute Ideen haben, sagen viele: beim Joggen, morgens oder abends, wenn ich ganz entspannt bin. Bei manchen kommt der Geistesblitz nachts. Andere benötigen einen gewissen Stresslevel, vielleicht auch einen ganz bestimmten Gemütszustand. Dies

---

[1] Diese Kreativfrage haben wir der SPIEGEL-Wissen-Ausgabe 02/2016 entnommen. Sie wurde von dem Psychologen Prof. Heinz Schuler von der Universität Hohenheim formuliert, der einige Kreativtests entwickelt hat.

muss jeder für sich individuell herausfinden. In dieser Hinsicht lässt sich keine für alle Menschen, Geschlechter, Altersstufen oder Charaktere gleichermaßen gültige Aussage treffen. Und natürlich hat auch die Wissenschaft Ingredienzien identifiziert, die in unterschiedlichem Maße auf den ein oder anderen zutreffen.

In Kapitel 2 haben Sie gelernt, dass das Gehirn hochkomplex viele Areale und Neurone koordiniert aktivieren muss, um uns neue Ideen bewusst werden zu lassen.

Und das sind einige der Rahmenbedingungen und Faktoren, die den Einfallsreichtum fördern. Was trifft auf Sie jeweils zu?

- An erster Stelle steht die Neugier: Was begeistert mich? Wann vergesse ich die Zeit?
- Setting: Was brauche ich? Musik, Ruhe oder eine bekannte TV-Serie?
- Spaß: Was erfreut mich und gibt mir einen inneren Frieden?
- Vorwissen: Wo kenne ich mich schon aus?
- Geschärfte Aufmerksamkeit: Wie kann ich mich konzentrieren? Was lenkt mich schnell ab?
- Zeitfaktor Druck: Die meisten Menschen brauchen ein wenig Druck, um ihre Aufmerksamkeit zu schärfen.
- Inkubationszeit: Manche Ideen müssen reifen und wachsen und brauchen Zeit. Das Finden neuer Ideen ist keine Sache von fünf Minuten. Manchmal muss man Tage, gar Wochen an einem Thema arbeiten und immer wieder den Blickwinkel ändern.
- Stress: Manche Menschen sind kreativer, wenn sie unter Stress stehen, andere vertragen das gar nicht. Hier ist die Bewertung wichtig: Stress, der Angst macht, tötet die Kreativität und die assoziative Kraft des Gehirns. Stress, der herausfordert, beflügelt.

Brauchen Sie kreative Pausen?

Schreiben Sie auf, zu welcher Uhrzeit Sie welche Tätigkeiten im Alltag ausführen und was Sie dabei empfinden. Gibt es öfter den Punkt, an dem Sie gerne Zeit für Muße und Entspannung hätten? Sie fühlen sich erschöpft vom vielen Nachdenken und brauchen eine Pause von der Anstrengung. Das wäre der Moment, um sich eine kreative Pause zu gönnen. Aber was heißt das? Sollte man nichts tun, sondern einfach den Blick in die Ferne schweifen lassen, spazieren gehen oder sich mit etwas beschäftigen, bei dem das Gehirn entspannen kann? Etwa eine eingeübte Yogasession, schlicht Langeweile oder Dartpfeile werfen. Auch eine Routine-Tätigkeit könnte Ihr Hirn auf Trab bringen. Warum das funktioniert, haben Sie bereits in Kapitel 2 gelesen.

Gewohntes ungewöhnlich betrachten

Wozu kann man Alltagsgegenstände außerdem benutzen: Was kann man alles mit einer Zeitung machen (außer sie zu lesen), was mit einer Fliegenklatsche, was mit einem Ziegelstein, was mit einer Zigarette, damit man sie zum Beispiel nicht mehr rauchen kann?

Lösungsmöglichkeiten: Das Filterteil ist ganz lang, der Teil mit Tabak ganz kurz. Zigarette ist nass. Man macht einen Knoten rein. Der Tabak wurde entfernt.

Eine kreative Pause ist aber ebenso angebracht, wenn Ihnen partout nichts einfällt zu dem Thema, mit dem Sie sich beschäftigen müssen. Nehmen wir an, Sie sollen eine wichtige Präsentation für den Chef Ihrer Abteilung fertigstellen. Er gibt Ihnen eindringlich zu verstehen, es dürfe auf keinen Fall eintönig und so sein wie üblich, sondern müsse mal anders ausfallen. Aber es fehlt die zündende Idee. Sie warten auf einen Geistesblitz. Eine kreative Pause könnte dann so aussehen: Sie basteln weiter mit dem Holzbausatz an dem Schiffsmodell, bestehend aus 896 Teilen. Sie konzentrieren sich voll auf eine ganz andere Tätigkeit – und die Chancen stehen nicht schlecht, dass nach einer Stunde ein kleiner Geistesblitz auftaucht und eine brauchbare Idee für die Präsentation über den Absatzmarkt für ein neues Eau de Toilette auftaucht.

Auch Bewegung, das haben Sie jetzt schon öfter gelesen, ist für viele als kreative Pause geeignet. Der deutsche Philosoph Immanuel Kant ging gern spazieren, und Facebook-Gründer Mark Zuckerberg geht gar im Team mit Mitarbeitern laufen.

Geistesblitz im Schlaf

Gehören Sie zu denen, die sofort nach dem Aufwachen, oder fast noch im Halbschlaf, plötzlich einen Gedanken haben, eine Idee, nach der sie am Tag zuvor so verzweifelt gesucht hatten? Dann ist es vielleicht keine schlechte Idee, auch mittags eine Art Powernap einzuplanen. Nur zwischen 15 und 30 Minuten einnicken, eintauchen in eine Ruhephase. Wie Sie in Kapitel 2 gelesen haben, ruht das Gehirn im Schlaf keineswegs. Es ist höchst aktiv. Und einigen hilft dieser von Sinneseindrücken befreite Zustand, damit Ideen die Bewusstseinsschwelle überschreiten und Sie plötzlich Assoziationen finden, Ihr Problem anzugehen. So soll dem russischen Chemiker Dmitri Iwanowitsch Mendelejew irgendwann vor 1869 der Geistesblitz gekommen sein, wie das Periodensystem der chemischen Elemente zu ordnen wäre. Der Bonner Chemiker August Kekulé träumte wohl beim Einschlafen vor dem Kamin von einer Schlange, die sich in ihr Hinterende beißt, und entwickelte – so inspiriert – 1865 die Ringstruktur des Benzol-Rings. Auch Albert Einstein soll einige Erleuchtungen im Schlaf gehabt haben. Beatles-Mitglied Paul McCartney hörte wohl schlafend die Melodie von »Yesterday«. Einige Studien mit Probanden, die kurz einnickten und dann zum Beispiel Mathematikaufgaben lösen mussten, geben Anlass, dass der Kurzschlaf – das Nickerchen – wirklich Heureka-Momente fördert.

KREATIVTRAINING

Stressprüfung

Sie kennen die Situation: Es hat sich ein langer Stau auf der Autobahn gebildet, oder Sie sitzen in einem verspäteten Zug, und müssen dringend zu einem wichtigen Termin, den Sie nun zu verpassen drohen. Sie sind wütend, können an der Situation aber nichts ändern. Frage: Was könnten Sie tun, um die Wartezeit zu nutzen? Entscheiden Sie spontan. Was würde Sie beruhigen? Was wollten Sie schon lange mal tun? Singen? Niemand hört Sie im Auto. Sich das nächste Urlaubsziel ausmalen? Oder: Wie viel Geld müsste man Ihnen geben, damit Sie sich nicht mehr ärgern? Wenn Sie diese Frage absurd finden, macht das nichts. Lassen Sie sich auf das Gedankenspiel ein: Wären es 5 Euro, 1000 Euro oder 10 000 Euro?

Diskutieren mit anderen

Wenn man formulieren muss, was man denkt, hilft das beim Denken. Was einmal ausgesprochen ist, erzeugt einen Nachhall im Gehirn. Wer argumentiert, entwickelt beim Reden Ideen weiter – oder es tauchen auch neue auf. Plötzlich versteht man etwas, was zuvor nur schemenhaft als Gedanke vorhanden war, plötzlich tauchen beim Erklären und Formulieren für andere die Lösungen auf. Wir durchdenken etwas neu, wenn wir es formulieren: Ein Gedanke durchläuft dabei die Sprachzentren, und das Aussprechen löst dort Assoziationen aus, die wiederum helfen, neue Ideen zu entwickeln. Manchmal merken wir auch erst beim Aussprechen, dass eine Idee nicht funktioniert, weil wir sie im Kopf im wahrsten Sinne des Wortes nicht zu Ende gedacht haben. Erst das Formulieren ganzer Sätze offenbart den Fehler oder das Unverständnis.

Selbst sprechen oder etwas schriftlich darlegen, schärft die Sinne, aber eben auch die Kreativität. Und das Reden miteinander, der Diskurs, schärft die Gedanken. Einzige Voraussetzung: Es sollte Vertrauen in diejenigen bestehen, mit denen man spricht. Angst und soziale Zwänge sind hinderlich. Wenn der präfrontale Cortex sich nicht traut, grünes Licht ans Sprachzentrum zu geben, um das auszusprechen, was an Gedanken entstanden ist, ist ein Gespräch kein kreativer Nährboden.

Die Idee des Miteinanders brachte 2008 die Schweizer Designerin Tina Roth Eisenberg in New York dazu, eine weltweite Frühstückszusammenkunft für Kreative mit unterschiedlichsten Berufen zu gründen. Man trifft sich einmal im Monat am Freitag ab 8.30 Uhr – in Kyoto, Barcelona, Dallas, Sidney, Palermo oder Freiburg. 207 Städte in 60 Ländern und viele hunderttausend Mitglieder agieren unter www.creativemornings.com. Designer, Marketingexperten, Software-Ingenieure, Werbeleute und andere Kreative bilden so ein Netzwerk und tauschen sich aus.

Ideen unter der Dusche

72 Prozent der Menschen behaupten, die besten Ideen kämen ihnen unter der Dusche, dies will der Kognitionspsychologe Scott Barry Kaufman 2015 zusammen mit dem Badhersteller Hansgrohe herausgefunden haben. Sie haben bereits einiges über den Default-Modus (Seite 65) gelesen. Der könnte beim Duschen anspringen. Was assoziieren wir mit Duschen? Es ist warm, entspannend, das Wasser plätschert eintönig wie ein Wasserfall in der Natur. Wir sind ohne Handy, es gibt keine optischen Ablenkungen. Wir sind mit uns allein in der Duschkabine oder in der modernen Walk-in-Dusche mit Regenwald-Duschkopf. Wir müssen uns auf nichts konzentrieren, da Duschen und Haare-

waschen keine Tätigkeiten sind, die einen geistig überfordern. Es ist eine kleine Ruhepause von Hektik und Reizüberflutung. Testen Sie es für sich doch mal aus. Nehmen Sie sich ganz bewusst ein Thema, das Sie bewegt, duschen Sie ausgiebig und lassen Sie Ihre Gedanken schweifen!

KREATIVTRAINING

Aktivieren Sie Ihr Bildgedächtnis

Dies ist eine Übung, in die Sie nur 5 oder 10 Minuten investieren sollten. Es geht darum, Ihre Vorstellungskraft anzuheizen. Im Anhang auf Seite 209 (Nummer 1) finden Sie eine Seite mit vielen gemalten Rechtecken als Fläche. Es ist ein regelmäßiges Viereck mit vier rechten Winkeln, wobei die gegenüberliegenden Seiten gleich lang sind. Das zweidimensionale Rechteck kann liegend oder stehend verwendet werden. Welche Objekte können Sie mit dieser Grundform zeichnen? Die Größe des Objekts ist nicht entscheidend, Sie dürfen auch über die vorgegebene Form hinausmalen. Sprengen Sie gedankliche Schranken. Ein stehendes Rechteck könnte ein Bett (es geht immer nur um die zweidimensionale Form) sein oder ein Geldschein, ein liegendes Rechteck kann ein Fernseher oder eine Postkarte sein. Mal sehen, welche Objekte Ihnen so einfallen? Sie werden wahrscheinlich feststellen, dass die ersten Bilder, die auftauchen, schnell gezeichnet sind, dann allerdings muss man ein wenig um die Ecke denken, um 23 Rechtecke in wenigen Minuten in Objekte zu verwandeln. Fällt Ihnen nichts mehr ein? Dann schauen Sie sich gerne auf Seite 214 im Anhang unsere Anregungen an.

Die Infoflut verstopft unsere Kreativitätskanäle

Wer zu viel auf einmal will, verzettelt sich schnell. Alle Gedanken fliegen durcheinander, ohne dass ein sinnvoller hängenbleibt. Testen Sie doch mal, was sich ändert, wenn Sie eine Woche lang die belastende Informationsflut ausbremsen: ein E-Mail-Sabbatical, eine Nachrichtenabstinenz, die vielfältigen Tätigkeiten des Alltags konzentriert abarbeiten und nicht ständig irgendeine Liste, die sich immer wieder füllt, vor sich herschieben oder einfach das Multitasking lassen und immer nur einen Bildschirm benutzen, keine Second-Screen-Nutzung, entweder online sein oder offline, nicht beides gleichzeitig …

Wer immer an viele Dinge gleichzeitig denken muss, überlastet sein Arbeitsgedächtnis, und die innere Aufmerksamkeit für kreative Gedanken sinkt. Das alles ist in unserer Informationsgesellschaft nicht einfach:

Wir schauen zwischen 50- und 100-mal am Tag aufs Handy, verbringen täglich etwa 3,5 Stunden damit – dies zeigen viele aktuelle Umfragen. Diese Ablenkungen erschweren es uns, Wichtiges von Unwichtigem zu trennen. Ein Chirurg kann es sich während einer komplizierten Herz-OP kaum leisten, über zigtausend andere Dinge nachzudenken. Er wird sich konzentrieren müssen. Dass in einem Operationssaal leise Hintergrundmusik läuft – Schätzungen zufolge bei jeder zweiten OP –, ist dagegen hilfreich, weil es der Entspannung dient, denn die innere Ruhe ist entscheidend. Übrigens finden sich immer mehr Hinweise, dass auch die narkotisierten Patienten und Patientinnen von der Beruhigung profitieren. Angst und Schmerzen reduzierten sich, so das Ergebnis aus Dutzenden von Fachartikeln.

Ersetzt die KI meine kreativen Ideen?

Eine Zukunftsfrage wird sein: Kann die Künstliche Intelligenz nicht für mich kreativ sein? Computerprogramme können einiges besser als Menschen, auch schneller. Mathematische Berechnungen ausführen, komplexe Datensätze analysieren, gehören dazu. Daran haben wir uns gewöhnt. Aber ist die Künstliche Intelligenz (KI) auch kreativer als das menschliche Gehirn? Noch nicht ganz, Stand 2024. Musik programmieren, Bilder gestalten, Geschichten schreiben – das kann die Künstliche Intelligenz gut, wenn die Datensätze groß genug sind, aus denen gelernt werden kann. So entsteht aus Altem dann Neues. Ein schönes Beispiel ist das »The next Rembrandt-Gemälde«. 2016 errechnete KI aus 346 Rembrandt-Bildern eines, das der niederländische Barockmaler Rembrandt Harmenszoon van Rijn (1606–1669) nie gemalt hat: ein Mann mit Hut, der nach rechts blickt. Eine Werbeagentur in Amsterdam hatte die Idee. Die Ausführung lag bei der Technischen Universität Delft und Microsoft-KI-Experten; insgesamt 20 Fachleute arbeiteten 18 Monate. Sie brachten den Algorithmen bei, wie Rembrandt zu malen – 148 Millionen Pixel. Dann lief der 3-D-Drucker, und heraus kam der »Rembrandt aus dem Rechner«. Kunsthistoriker kritisierten das Projekt und auch die Ausführung.

Irritierend, aber lustig

Wie könnte ein Abendessen mit Gästen völlig anders ablaufen? Zuerst das Dessert servieren? Jeder isst einen anderen Gang? Nach jedem Gang wechseln die Gäste ihren Platz? Jeder Gang wird in einem anderen Zimmer serviert? Oder …?

Zurück zur Frage: Welche Ergebnisse erzielt KI bei Kreativitätstests? Das untersuchten zwei Wissenschaftler mit dem sogenannten »Alternativen Gebrauchstest«. Was kann man mit einem Ziegelstein, einer Büroklammer oder einer Zahnbürste noch machen? (In den kleinen Übungen am rechten Rand dieses Buches finden Sie auch einige dieser Übungen!) Je mehr und originellere Ideen auftauchen, um so besser. Jennifer Haase vom Institut der Informatik der Humboldt-Universität in Berlin und Paul Hanel vom Institut für Psychologie der Universität Essex testeten 100 Probanden und sechs verschiedene KI-Programme (Chatbots: alpa.ai, Copy.ai, ChatGPT in 2 Versionen, Studio.ai, YouChat). Trainierte KI-Programme und Menschen bewerteten die Kreativität der Ideen. Das Ergebnis im März 2023: In der Qualität der Ideen fand sich kaum ein Unterschied zwischen KI und Probanden. Nur 9,4 Prozent der Probanden hatten kreativere Ideen als die KI. Das Fazit: Im Bereich Alltagskreativität, also »Little-C-Kreativität«, unterscheiden sich Menschen und Computer nicht massiv.

Gibt man bei ChatGPT den Begriff »Kreativität« ein, kommt das Programm innerhalb von zwei Sekunden zu folgendem Text:

Kreativität ist ein facettenreiches und bedeutendes Konzept, das die Fähigkeit einer Person oder eines Systems beschreibt, originelle, neuartige und wertvolle Ideen, Lösungen, Produkte oder Kunstwerke zu schaffen. Es ist eine menschliche Eigenschaft, die in vielen Bereichen des Lebens und der Gesellschaft von großer Bedeutung ist, sei es in Kunst, Wissenschaft, Technologie, Wirtschaft, Bildung oder zwischenmenschlichen Beziehungen.

Eigenschaften und Merkmale der Kreativität:

1. *Originalität: Kreative Menschen denken oft außerhalb der ausgetretenen Pfade und bringen neue Ideen hervor, die nicht offensichtlich oder bereits bekannt sind.*
2. *Flexibles Denken: Kreativität erfordert die Fähigkeit, aus verschiedenen Perspektiven zu betrachten und übliche Denkmuster zu durchbrechen.*

3. Neugier und Offenheit: Kreative Individuen sind neugierig und offen für neue Erfahrungen und Ideen, was ihre kreative Bandbreite erweitert.
4. Risikobereitschaft: Kreativität geht oft mit einem gewissen Maß an Risikobereitschaft einher, da das Entdecken und Ausprobieren neuer Ideen unsicher sein kann.
5. Verknüpfung von Ideen: Kreative Menschen sind oft gut darin, scheinbar unzusammenhängende Ideen zu verbinden und neue Zusammenhänge herzustellen.
6. Ausdauer: Kreativität erfordert oft Durchhaltevermögen und die Bereitschaft, an einer Idee oder einem Projekt auch in schwierigen Zeiten festzuhalten.
7. Emotionale Intelligenz: Die Fähigkeit, eigene Emotionen zu verstehen und sie in den kreativen Prozess einzubringen, kann die Qualität der kreativen Arbeit verbessern.

Kreativität kann durch verschiedene Faktoren gefördert werden, darunter eine unterstützende Umgebung, Zugang zu Ressourcen, die Möglichkeit zum Experimentieren und eine offene und inklusive Kultur, die Vielfalt schätzt. Sie kann jedoch auch durch Faktoren wie Angst, strenge Regeln oder negative Kritik gehemmt werden.
Kreative Ausdrucksformen können vielfältig sein und reichen von Malerei, Musik, Literatur, Film, Tanz und Design bis hin zu wissenschaftlichen Entdeckungen, Erfindungen und innovativen Lösungen für gesellschaftliche Herausforderungen.

Insgesamt ist Kreativität ein wertvolles Gut, das zu Fortschritt, persönlicher Erfüllung und Bereicherung unserer Kultur und Gesellschaft beiträgt.

Gar nicht so schlecht, oder? Was allerdings fehlt, ist die Fähigkeit, selbst eine originelle Fragestellung zu entwickeln oder alternative Wirklichkeitsszenarien zu entwickeln, die sich maßgeblich von dem unterscheiden, was man bisher zu einem Problem gedacht hat.

Wo sind die kreativen Orte?

In vielen Ländern emigrieren Kreative, weil sie eine freie Umgebung für Gedanken und Ideen benötigen und dies in einer mit Repressalien besetzten politischen Atmosphäre kaum möglich ist.

Hier fehlt was

Welches Wort kann hier bei allen drei Begriffen eingesetzt werden?
- *saal*
- *on*
- *annahme*

Lösung: Ball

Gibt es kreative Städte? Dieser Frage ging die gemeinsame Forschungsstelle der Europäischen Kommission 2019 zum zweiten Mal nach und verglich das kreative und kulturelle Potenzial in europäischen Städten.

190 Städte in 30 Ländern wurden nach ihrer Einwohnerzahl in Gruppen eingeteilt und unter den Aspekten »Kulturelle Dynamik, Kreativwirtschaft und Kreativumfeld« analysiert. Zum Beispiel: Wie groß ist das Angebot an Museen, Konzerthallen und Theatern? Wo finden sich innovative Jobs und der Nachwuchs die beste Förderung? 29 verschiedene Indikatoren waren die Grundlage. Folgende Städte standen im Ranking weit oben: Weimar (neben Stuttgart, Karlsruhe, Heidelberg, München und Berlin in Deutschland), Florenz, Paris, Aarhus, Glasgow und Eindhoven.

KREATIVTRAINING

Geschultes Auge

Wie viele Dreiecke sehen Sie in dieser Zeichnung? Ein Tipp: Es sind mehr als 20. Viel Spaß!

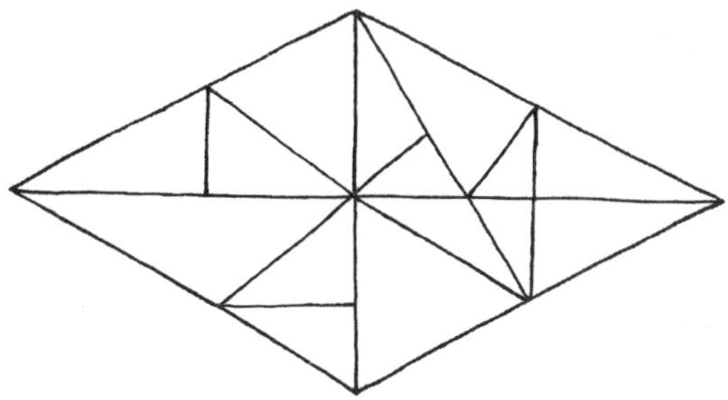

Potenzial entdecken

Ein Fragebogen soll Sie für bestimmte Aspekte sensibilisieren: So erkennt man besser, welche Faktoren die eigene Kreativität triggern.

Sie finden hier eine Liste mit Fragen, die bewusst nicht thematisch geordnet sind. Es geht nicht darum, ob Sie diese Fragen der Reihe nach beantworten, auch nicht unbedingt mit »Ja«, »Nein« oder »Geht so«. Es ist eher entscheidend, was Ihnen spontan einfällt, was Ihr erster Gedanke zu einer Frage ist. Das kann eine Begebenheit sein, eine Situation oder ein Gespräch. Es mag eine Erinnerung sein, die länger zurückliegt oder etwas ganz Aktuelles, das in der vergangenen Woche geschehen ist. Vielleicht fallen Ihnen auch bestimmte Dinge ein, die in Ihrer Kindheit passiert sind oder die Ihre Eltern immer wieder über Sie erzählen. Wir alle kennen diese Kindheitsgeschichten, die nach vielmaligem

Erzählen immer ausgeschmückter repetiert werden und von denen man am Ende glaubt, man könne sich selbst daran erinnern, was ganz oft aber kaum möglich ist.

Fragebogen: Wie bewerten Sie Ihr kreatives Potenzial?

Halten Sie sich selbst für kreativ?

Schreiben Sie 3 Argumente auf, warum das so ist …

Kennen Sie im Alltag Situationen, bei denen es Ihnen leichtfällt, eine spontane neue Idee zu haben?

Wann haben Sie die meisten guten, neuen Ideen – morgens, mittags, abends?

Sind Sie handwerklich begabt?

Malen Sie? Stricken Sie? Musizieren oder singen Sie?

Ist Bewegung ein wichtiger Faktor beim Nachdenken für Sie?

Haben Sie Ideen beim Joggen oder Golf spielen
(oder einer anderen Sportart)?

Interessieren Sie sich für viele unterschiedliche Fachgebiete?

Halten Sie sich auf einem Gebiet für einen Experten?

Welches Talent schreiben Sie sich selbst zu – oder andere Ihnen?

Lieben Sie es zu tagträumen?

Gibt es einen Ort oder eine Umgebung, die Sie besonders flexibel und kreativ denken lässt?

Glauben Sie, dass jeder Mensch irgendwie auf eine Art und Weise kreativ ist? Wer fällt Ihnen spontan ein?

Müssen wir als Gesellschaft kreativer nach Lösungen für Probleme suchen?

Welche Aspekte von flexiblem Umdenken sind in Ihrem Beruf besonders wichtig?

Wie schätzen Sie Ihre Stärken ein?

Haben Sie für eine bestimmte Tätigkeit Talent?

Können Sie sich gut auf eine Sache konzentrieren?

Tüfteln Sie gerne an einer Fragestellung oder Aufgabe herum?

Würden Sie sagen, Sie sind künstlerisch begabt?

Was war die beste Idee (Ihrer Meinung nach), die Sie je hatten?

Wie wichtig ist es für Sie persönlich, flexibel und schnell umzudenken?

Denken Sie gerne in Bildern?

Was brauchen Sie, um eine Idee zu haben? Andere Menschen? Wollen Sie allein sein?

Wann haben Sie nie gute Ideen?

Welche Rahmenbedingungen versetzen Sie in eine kreative Stimmung?

Ist Stress ein förderlicher Faktor oder Zeitdruck?

Improvisieren Sie gerne, wenn es nötig ist?

Freuen Sie sich über eine neue Idee?

Sind Sie stolz, wenn Sie eine Lösung für ein Problem finden?

Haben Ihnen andere Menschen schon gesagt, dass Sie gegen den Strom schwimmen oder um die Ecke denken?

Umgeben Sie sich gerne mit Menschen, die herumspintisieren und immer wieder einen neuen Einfall haben?

Ist es lästig, wenn Sie mit Menschen zu tun haben, die immer wieder mit einer neuen Idee an Sie herantreten?

Sind Sie eher ein strategisch denkender Mensch?

Fallen Ihnen eher Fragen ein oder Lösungen?

Erkennen Sie Probleme schnell oder fällt es Ihnen eher auf, wenn jemand anderes das Problem benennt?

Was meinen Sie: Gibt es eine aktuelle Herausforderung im Beruf oder privat, bei der Sie kreative Ideen gut gebrauchen könnten?

Spielt Humor eine Rolle?

Spielt Disziplin eine Rolle?

Hatten Sie im Urlaub plötzlich neue Gedanken und überdenken Probleme anders?

Kennen Sie solche Geschichten? Menschen, vor allem unsere Eltern, haben ein bestimmtes Bild von uns aufgebaut. Ein kindliches Interesse kann in einen passenden oder vermeintlich passenden Beruf münden. Fraglos. Aber oft genug verflüchtigen sich diese kindlichen Phasen in der weiteren Gehirn- und Persönlichkeitsentwicklung, und die Kreativität findet ihren Ausdruck im Lauf des Lebens auf ganz andere Art und Weise. Eltern sind immer stolz auf ihre Kinder, und Kinder sind zumeist ideenreicher als Erwachsene.

Der erfolgreiche deutsche Modedesigner Wolfgang Joop beschreibt in einer ZEIT-Ausgabe aus dem Mai 2015 seine Kindheitserinnerungen so: »Als ich ein Junge war, hat meine Kreativität mich beschützt. Sie hat mich abgeschirmt vor dem, was andere von mir wollten. Während sie auf mich einredeten, war ich in einer eigenen Welt. (…) In der Schule zeichnete ich unter dem Tisch nackte Frauen, die Bilder verkaufte ich an meine Klassenkameraden. Später merkte ich, dass ich angezogene Frauen ganz gut zeichnen konnte. Das war der Beginn meiner Karriere.«

Wenn Sie den Fragebogen oben durchgehen, werden Ihnen vielleicht auch Prognosen über Ihre Kreativität und Berufsorientierung einfallen. Wir haben Platz für Ihre Notizen freigelassen, sodass Sie sich Stichworte notieren können. Sie sollten den Fragebogen auch gar nicht akribisch in einem Durchgang beantworten. Manches fällt Ihnen vielleicht erst später ein. Sie können immer wieder zurückblättern und etwas Neues notieren. Diese Sammlung an Fragen ist mitnichten vollständig, das kann sie auch gar nicht sein, weil wir uns alle durch unterschiedliche Persönlichkeiten auszeichnen, andere Erfahrungen gemacht haben und ein individuelles Bild von uns selbst haben. Verstehen Sie diese Liste über Ihr Kreativitätspotenzial als Anregung darüber nachzudenken, wie Sie sich sehen oder auch wie andere Sie sehen. Die Eltern haben ein bestimmtes Bild, die Geschwister, die Freunde, die Lebenspartner, die Arbeitskollegen und viele andere.

Es existiert ganz explizit kein Punktesystem, wie es in manchen Tests angelegt ist. Denn es geht nicht darum, am Ende zu realisieren: »Ich bin sehr kreativ«, »Ich bin weniger kreativ«, oder: »Ich bin überhaupt nicht kreativ.« Solch eine Klassifizierung wäre schlicht unsinnig.

Kreativität zeigt sich in einem bestimmten Erwartungshorizont: Wer gerne selbst Möbel baut und viele Ideen für neue Objekte hat, dem fällt unter Umständen kein Gericht ein, was er abends kochen könnte. Wer die kniffligsten technischen Probleme in seinem Beruf löst, mag vielleicht am Wochenende keine Idee haben, was mit den Kindern Schönes zu unternehmen wäre. Vielleicht fällt Ihnen für jeden Geburtstag eines Freundes oder Verwandten sofort ein witziges passendes Geschenk ein, aber wenn es im Job darum geht, einen Arbeitsablauf zu optimieren, dann herrscht Leere.

MEINE UNERSCHÖPFLICHE DATENBANK IM KOPF

Véronique Witzigmann, Expertin für Süßes, Autorin, Foodstyling, Coaching-Kurse und Beratung für »Backen und Desserts«. Sie lebt mit ihrem Ehemann Volker Debus, Food- und Porträt-Fotograf, im Chiemgau; www.veronique-witzigmann.de

Mein Kopf denkt die ganze Zeit über Rezepte nach. Mein Gehirn hat sich, glaube ich, in den vielen Jahren eine Datenbank angelegt, und so kann ich im Kopf denken, was mit was schmeckt. Ich könnte es gar nicht verhindern, weil es einfach passiert.

Nehmen wir Yuzu, eine japanische Zitrusfrucht: Was passt zu Yuzu? Es dauert nur Millisekunden, und ich weiß:

Kirsche und Aprikose. So ergeht es mir oft. Neulich habe ich Rote Bete mit Passionsfrucht kombiniert. Was passt noch dazu? Schokolade. Es mag seltsam klingen, schmeckt aber erstaunlich reizvoll. Ich denke nicht nur in Geschmäckern, sondern vor allem in Bildern. Ich sehe eine Törtchenform, und es tauchen sofort Bilder auf, womit man diese Form befüllen könnte.

Warum das bei mir so ist? Ich weiß es nicht, aber ich gehe davon aus, dass die Genetik hier eine Rolle spielt.

Wenn ich eine sehr schöne Zitrone sehe, dann reizt mich nicht nur das Aroma oder die Säure, sondern auch die Farbe und die faszinierende Struktur des Fruchtfleisches. Und ich habe eine Idee, was ich daraus machen könnte.

Die schlechteste Ausgangsposition bei einem Auftrag für ein neues Dessert ist, sich hinzusetzen und zu sagen: »Bitte, Idee komm.« Das funktioniert bei mir nicht. Und unter Stress geht gar nichts. Ich brauche Ruhe, zum Beispiel oben am Berg. Oder ich brauche jemanden, mit dem ich diskutieren kann. Mein Mann sagt: »Probiere es doch so«. Ich weiß dann sofort: Nein, das geht nicht. Aber meine Datenbank ist aufgefordert, sich was anderes zu überlegen. Das ist dann der kreative Prozess.

Ich gehe gerne auf Märkte, mit Vorliebe in anderen Ländern – das ist für mich spannend. Oft male ich eine Idee für ein Dessert auch zunächst auf und probiere dann. Wie kann man eine Schwarzwälder Kirschtorte mal anders interpretieren, sozusagen die Ingredienzien dekonstruieren und neu zusammensetzen. Ich sehe einen Schwarzwälder Bollenhut vor mir. Daraus wird: dunkle Schokolade als Kuchenbasis, darauf rote Kugeln mit den klassischen Zutaten der Schwarzwälder Kirschtorte, aber eben anders.

KAPITEL 4

WISSEN: Was stärkt oder schwächt unsere Kreativität?

»Es ist nicht das Wissen, sondern das Lernen,
nicht das Besitzen, sondern das Erwerben,
nicht das Dasein, sondern das Hinkommen,
was den größten Genuss gewährt.«

Carl Friedrich Gauß, Mathematiker,
Statistiker und Physiker (1777–1855)

Kreativ zu sein, kann man lernen und trainieren. Und dennoch ist Kreativität ein Stück weit auch Begabung. Ebenso wie die Körpergröße über die Gene bestimmt wird und man sich noch so viel strecken kann und man nicht größer wird, als es einem genetisch vorgegeben ist. Das würde bedeuten, man könnte Kreativität durch bestimmte Umweltbedingungen verhindern, genauso wie man seine genetische mögliche Körpergröße nicht erreicht, wenn man während der Kindesentwicklung nicht optimal ernährt wird. Und es würde bedeuten, dass man Kreativität nicht fördern kann, so wie man auch seine Körpergröße nicht über die genetische Veranlagung hin ausdehnen kann. Zu einem gewissen Grad scheint diese Sichtweise zu stimmen, denn es gibt wie bei anderen kognitiven Begabungen auch bestimmte Persönlichkeitsmerkmale und bestimmte Kapazitäten des Gehirns, die genetisch stark beeinflusst sind. Man kann durchaus eine Veranlagung zum schnellen Assoziieren haben, sehr neugierig und damit offen für Neues sein oder eine überragende Fantasie besitzen.

Diese intellektuellen Fähigkeiten sind das eine, das andere die Faktoren, die dazu beitragen, Kreativität zu fördern – oder auch zu hemmen. Darum soll es in diesem Kapitel gehen.

Vererbung versus Training

Sie haben in Kapitel 2 gelernt, dass Menschen, die sich als besonders kreativ erwiesen, sehr leicht im Gehirn zwischen normaler EEG-Aktivität bei fokussierter Aufmerksamkeit und dem Gedanken-assoziierten Tagtraum-Modus im Alpha-Frequenzbereich wechseln konnten. Ist diese Fähigkeit nun angeboren, also Begabung oder Talent, oder kann man sie erlernen und üben?

Was ist gesucht?

Welches Wort fehlt hier?
– brot
Extra –
Hans –

Lösung: Wurst

Dass zumindest eine gewisse Trainingskomponente mitspielt, zeigen Experimente, in denen Probanden, die in einem EEG-Neurofeedbackspiel besonders viele Alphawellen erreichten, sich also gut entspannen konnten, per Neurofeedback belohnt wurden. In einer Testphase nach diesem vermehrten Training im Alpha-Bereich zeigten ebenjene Probanden deutlich kreativere Leistungen als eine beliebige Kontrollgruppe, die vor der Testsitzung ohne Berücksichtigung des Alpha-Bereichs das Neurofeedbackspiel spielte.

Kreative Denkprozesse »fallen nicht vom Himmel«, sind nicht einfach Eingebungen! Und entsprechend gibt es identifizierbare Katalysatoren: Kreativität braucht Menschen, die einen anregen, kreativ zu sein. Und sie braucht Erfahrung. Der amerikanische Schriftsteller Jack Kerouac (1922–1969) bringt es auf den Punkt: »Der beste Lehrer ist die Erfahrung.« Und zwar nicht nur in dem

Sinne, dass wir bei kreativen Tätigkeiten bewusst auf unsere Erinnerungen zugreifen, sondern dass das Gehirn unsere Erfahrungen auch unbewusst nutzt. Unbewusste Prozesse, zu denen unter anderem die Intuition gehört, helfen uns, relevante Informationen zu prozessieren – und irrelevante Informationen zu ignorieren. Sie helfen auch, neue Informationen im Vergleich zu bestehenden abzugleichen und komplexe Strukturen zu vergleichen, egal ob im Bereich der Wahrnehmung oder bei komplizierten Gedankengängen. Wenn wir einer neuen Situation begegnen, vergleicht das Gehirn diese Situationen mit früheren, erlebten Szenarien. Es detektiert hierbei Analogien ebenso wie Abweichungen, und dieser Abgleich zu vorhandenem Wissen ist entscheidend für das Finden einer Lösung.

Ist das wirklich richtig?

Nehmen Sie sich ein Ihnen bekanntes Sprichwort vor und durchdenken Sie den Grundgehalt. Stimmt es immer? Oder wie könnte man den Spruch umformulieren, sodass er der Moderne und vor allem unserer Lebensrealität mehr entspricht.
Ein Beispiel: »Was Hänschen nicht lernt, lernt Hans nimmermehr« (stammt wohl von Martin Luther, der den Spruch 1546 bei einer Tischrede über faule Studenten verwendet haben soll). Oder: »Was Hänschen nicht lernt, lernt Hans umso besser.«

Gedächtnisprozesse spielen eine wichtige Rolle, wenn es darum geht, aus den neu generierten Lösungsvorschlägen die relevanten herauszufiltern, also die sinnhaften und nützlichen. Um diesen letzten Schritt der kreativen Lösungsfindung durchführen zu können, muss man ein Experte auf dem entsprechenden Gebiet sein – dies bedeutet, dass unser Gehirn von Erfahrungswissen geradezu durchzogen ist.

Es stimmt sicher, dass sich Kreativität nur bedingt gezielt mehren lässt, aber einen der positivsten Effekte auf schöpferische Ideen haben ungewöhnliche Erfahrungen und Erlebnisse – man kann sogar so weit gehen, dass jemand, der versucht, »offen für Neues zu sein«, und der neugierig auf Unvorhersehbares reagiert, seine

Chancen erhöht, auf ungewöhnliche Ideen zu kommen. Dies bestätigt sich auch, wenn man sich anschaut, welche Persönlichkeitsmerkmale am ehesten mit Kreativität verbunden sind: offen zu sein für neue Erfahrungen. Offenheit ist einer der klassischen fünf Persönlichkeitstypen der Psychologie (die anderen vier sind: Verträglichkeit, Extraversion, Neurotizismus, Gewissenhaftigkeit). Dies bedeutet aber nicht (!), dass nur Menschen mit diesem Hauptpersönlichkeitsmerkmal kreativ sind, aber es fällt ihnen leichter. Wer nicht zu diesem Persönlichkeitstypus gehört, kann sich jedoch auf die Sprünge helfen, z. B. in dem er sich vornimmt, bestimmte Tätigkeiten eines Tages umzustrukturieren, mit einem ungewöhnlichen Blickwinkel zu versehen oder zu hinterfragen. Dies stärkt nicht nur die Offenheit und Kreativität, sondern auch das Arbeitsgedächtnis und unsere Achtsamkeit.

Anhand dieser Grafik können Sie sich Ihrem individuellen Persönlichkeitsprofil annähern. Die meisten Menschen sind eine Mischung dieser fünf Typen mit klarer Fokussierung auf einen Grundtyp.

DIE BIG FIVE DER PERSÖNLICHKEIT

Psychologen nutzen das »Big Five«-Modell, um einen Charakter zu beschreiben. Danach lässt sich jede Persönlichkeit nach fünf Faktoren (darunter »Gewissenhaftigkeit« und »Verträglichkeit«) einordnen, und zwar auf einer Skala von »schwach ausgeprägt« bis »stark ausgeprägt«. So finden sich manche von uns auf der »Offenheit«-Skala weit links wieder (»vielseitig interessiert«), andere besonders weit rechts (»wenig offen für Neues«). Aus den verschiedenen Positionen auf den fünf Skalen ergibt sich dann das individuelle Persönlichkeitsprofil.

Stark ausgeprägt		Schwach ausgeprägt
• Vielseitig interessiert, liebt das Ungewöhnliche, denkt sich Verrücktes aus	Offenheit ⟷	• Wenig offen für Neues, achtet das Bewährte, schätzt Konventionen
• Zuverlässig, organisiert, selbstdiszipliniert, zielstrebig, pflichtbewusst	Gewissenhaftigkeit ⟷	• Unvorsichtig, sprunghaft, unachtsam gegenüber Menschen und Dingen
• Gesellig, aktiv, liebt Spaß, zeigt positive Emotionen, handelt spontan, redet viel	Extraversion ⟷	• Zurückhaltend, ruhig, in sich gekehrt, ernst, verhält sich eher schüchtern
• Kooperativ, gutmütig, umgänglich, mitfühlend, auf Harmonie bedacht	Verträglichkeit ⟷	• Wettbewerbsorientiert, aggressiv, stur, rau im Ton, hart und bisweilen feindselig
• Besorgt und angespannt, sich selbst bemitleidend, neigt zu Depressionen oder Ängsten	Neurotizismus ⟷	• Entspannt, ungezwungen, zufrieden, selbstsicher, zumeist stressresistent

Quelle: © GEO Kompakt

Dopamin als Kreativitätselixier

Die Forschungen des Kognitionspsychologen Scott Barry Kaufman von der Universität von Pennsylvania zeigen, dass der Wunsch, zu lernen und etwas Neues zu entdecken, eine sehr viel größere Rolle für kreative Leistungen spielt als die eigentlichen intellektuellen Fähigkeiten. Kreativität hat, wie wir bereits festgestellt haben, nichts mit dem Intelligenzquotienten zu tun, sehr wohl aber mit dem Drang, »wissen zu wollen«. Dies steht im Einklang mit einem dynamischen Selbstbild – also Menschen, die bereit sind, aus Fehlern zu lernen, und die Fehler nicht als Niederlage, sondern als Herausforderung ansehen.

Einbeinig

Stellen Sie sich auf ein Bein in etwa einem Meter Entfernung vor eine Wand. Werfen Sie einen Tennisball mit der rechten Hand an die Wand und fangen Sie ihn mit links auf. Dann werfen Sie den Tennisball mit der linken Hand an die Wand und fangen mit rechts. Wie lange gelingt Ihnen das, ohne dass der Ball zu Boden fällt oder höchstens einmal aufditscht? Dann wechseln Sie das Bein und fangen wieder abwechselnd mit rechts und links. Was klappt besser?

Der Wille, Neues zu entdecken, ist einer der wichtigsten Faktoren, um ein kreativer Mensch zu sein. Neurobiologisch hängt dies damit zusammen, wie das Gehirn auf Neues und Unbekanntes reagiert. Als regelsuchende Systeme reagieren unsere Gehirne unter Umständen mit Angst und Unsicherheit, wenn etwas Neues, nicht Vorhersagbares geschieht, da dies die Stress- und Angstachse des Gehirns aktiviert. Ebenso kann Neues aber auch die Gehirnschaltkreise für Neugierde auf den Plan rufen und damit die Erwartung wecken, dass etwas Aufregendes geschehen könnte. Für diese Erwartungshaltung des Gehirns ist unter anderem der Botenstoff Dopamin zuständig. Gehirne, die also mit der Ausschüttung von Dopamin reagieren, wenn ihnen etwas Unbekanntes oder Neues begegnet, öffnen sich für fremde Eindrücke und Erlebnisse.

Der Drang, etwas Neues zu erleben, zu erfahren und zu gestalten, kann zu einem regelrechten Lebenselixier werden. Dopamin erhöht den Willen zur kognitiven Flexibilität – einem der essentiellen Bestandteile kreativen Schaffens. Entsprechend bezeichnen Kognitionspsychologen wie Scott Kaufman Dopamin »als Mutter der Innovation«. Eine erhöhte Dopaminfreisetzung bewirkt darüber hinaus auch, dass Menschen mit einem offenen Persönlichkeitstyp häufiger tagträumen – ebenfalls eine wichtige Komponente kreativer Schöpfungskraft. Wie wir bereits gesehen haben, ist Offenheit zum Teil auch eine Sache der Einstellung: Man kann versuchen, sich öfter und bewusst unbekannten Situationen zu stellen, diese zu suchen und so die Stressachse zu minimieren und die Dopamin-Ausschüttung zu maximieren.

KREATIVTRAINING

Wechseln Sie Ihren Fokus

Welches Objekt erkennen Sie auf dieser Abbildung? Es gilt ein Tier zu finden. Damit es gelingt, muss man kreative (Such-)Strategien entwickeln. Wer aber einmal das Tier erkannt hat, vergisst es nie wieder. Eine andere Interpretation des Bildes ist danach nicht mehr möglich.

Lösung: Kuh

Vorsicht: Kreativ-Aktivismus!

In der Arbeitswelt existiert eine nahezu universelle Besessenheit, Teile der Büros in Spielzimmer zu verwandeln, um nur irgendwie das kreative Potenzial der Mitarbeiter anzuzapfen: bunte Möbel, Hängematten, Tafeln, Stühle, die für Erwachsene viel zu niedrig sind, aber interessant aussehen. Die Idee ist, dass ein unkonventioneller Raum dazu beitragen kann, innovative Gedanken anzuregen. Aber auch hier gilt, Kreativität gibt es weder auf Knopfdruck noch durch non-konformistische Möbel: In einem Experiment, das von Manuel Sosa, Professor für Technologie und Design-Thinking von der Insead Business School, und Sunkee Lee, Professor für Organisationstheorie und Strategie an der Carnegie Mellon University in den USA, durchgeführt wurde, erhielten die Teilnehmer ein Blatt Papier mit 40 Kreisen darauf. Sie sollten reale Objekte zeichnen, die diese Form enthielten. Personen, die in einer unkonventionellen Umgebung arbeiteten, schnitten dabei schlechter ab als diejenigen, die in einem Standardbüro tätig waren; sie fixierten sich zu sehr auf die kreisförmigen Objekte in ihrer Nähe. Bei Tests, die nicht auf diese Weise von ihrer Umgebung beeinflusst werden konnten, schnitten sie dagegen ganz gut ab. Eine originelle Raumgestaltung führte also keinen universellen Kreativitätsschub herbei; und es stellte sich auch heraus, dass Großraumbüros ob ihres ablenkenden Charakters kreatives Denken sogar stören.

Kurzum: Der verzweifelte Versuch, Kreativität allzu künstlich zu wecken, kann zum Verhängnis werden. So ähnlich, wie wenn Sie sich sagen, dass Sie eigentlich schlafen müssten, und Sie dies gerade wachhält.

Wie eine Reihe von Studien zeigt, ist absolutes Nichtstun manchmal besser als blinder kreativer Aktivismus. Den Gedanken freien Lauf zu lassen, ist ein guter Weg, um auf brillante Ideen zu kommen. Aaron Sorkin, ein berühmter Drehbuchautor, duschte mehrmals am Tag, um eine Schreibblockade zu überwinden, im Sinne der Ressourcenschonung sicher nicht die beste Idee. Spaziergänge im Wald oder eine 10-minütige Meditation können den gleichen Effekt haben und sind zudem noch umweltfreundlicher.

Selbst Langeweile kann ein inspirierender Ansporn sein. Langeweile, so Friedrich Nietzsche, ist jene unangenehme »windstille« Seelenruhe, die einer glücklichen Reise und einer heiteren Brise vorausgeht. Es gibt nichts Besseres als Langeweile, um zu schreiben, war sich die junge Agatha Christie sicher. Die britische Schriftstellerin gehört zu den weltweit erfolgreichsten Autorinnen. Kurzum, ausgerechnet Langeweile kann eher eine wahre Brutstätte für kreative Ideen sein! Denn in Momenten der Langeweile verfallen wir oft in einen Zustand des assoziativen Tagträumens, das Default-Netzwerk (siehe Seite 65). im Gehirn wird angeschaltet, und das kann neue, kreative Ideen oder zumindest neue Assoziationsideen hervorbringen.

MACHEN PSYCHOAKTIVE SUBSTANZEN KREATIVER?

Wissenschaftler wetteifern nicht gerade darum, den unterhaltsamsten Forschungsartikel des Jahres zu schreiben. Aber Wissenschaftler aus den USA und Singapur haben nun eine, zumindest für die Teilnehmer, doch unterhaltsame Studie veröffentlicht, in der sie untersuchten, ob die weit verbreitete Vorstellung stimmt, dass Cannabis die Kreativität steigert.

Die Forscher rekrutierten eine Reihe von Amerikanern, die Cannabis als Freizeitdroge konsumieren, und baten sie, einige standardisierte Kreativitätstests zu absolvieren – von der Suche nach neuen Verwendungsmöglichkeiten für einen Ziegelstein bis hin zur Entwicklung von Ideen für eine Musikband, die Geld einbringen. Einige Teilnehmer unterzogen sich dem Test unmittelbar nach dem Cannabiskonsum; eine Kontrollgruppe machte ihn erst, wenn seit dem letzten Konsum zwölf Stunden vergangen waren. Unabhängige Gutachter bewerteten die Innovationskraft ihrer Ideen.

Die Forscher stellten fest, dass Cannabis – wenig überraschend – die generelle Heiterkeit der Konsumenten steigerte. Der Drogenkonsum führte auch tatsächlich dazu, dass die Teilnehmer ihre eigene Kreativität höher einschätzten, sie fühlten sich innovativer. Allerdings konnten die unabhängigen Gutachter keine Auswirkungen auf die tatsächliche Qualität der Kreativität der Probanden feststellen. Und was die Bewertung des Neuen anging, fanden die Cannabiskonsumenten alles umwerfend, unabhängig davon, ob es das war oder nicht.

Eine im Jahre 2022 in der Fachzeitschrift *Nature* veröffentlichte Studie untersuchte die Auswirkungen nach der Einnahme geringer Dosen von Psilocybin (Magic Mushrooms) und kam zu einem ähnlichen Ergebnis wie die Cannabis-Studie: Die Teilnehmer gingen zwar auf einen Trip, aber es gab kaum Hinweise darauf, dass dieser mit einem Kreativitätsschub endete, noch in irgendeiner Form zu mehr brauchbaren Lösungen führte.

Sind wir zuhause kreativer als im Büro?

Zu Beginn des Jahres 2020 mussten Arbeitnehmer überall auf der Welt bedingt durch die Corona-Pandemie in eine neue Realität des Homeoffice eintauchen. Dabei nahmen sie unfreiwillig auch an einer Reihe unerwarteter globaler Experimente teil: Sozialwissenschaftler und Ökonomen, Psychologen und Neurowissenschaftler haben einen Großteil der letzten drei Jahre damit verbracht zu analysieren, was passiert, wenn persönliche Gespräche durch Online-Meetings ersetzt werden. Und die ersten Ergebnisse liegen nun vor.

Das freie Assoziieren in Gruppen im direkten Brainstorming-Meeting führt zu mehr neuen, originellen und auch verwertbaren Ideen. Auch der Aufbau neuer Beziehungen war im direkten Kontakt erfolgreicher und vertrauensbildender als im digitalen Austausch. Im Jahre 2022 berichtete die angesehene Fachzeitschrift *Nature Human Behaviour* über die Resultate einer Studie, an der rund 60 000 Mitarbeiter des Tech-Giganten Microsoft teilnahmen, die im Jahr 2020 zu Homeoffice und Telearbeit übergegangen waren. Es zeigte sich, dass sich die Zusammenarbeit durch die Umstellung verlangsamt hatte und dass es weniger Möglichkeiten für Angestellte gab, zusammenzuarbeiten oder Informationen auszutauschen. Vor allem wohl, weil es weniger zufällige Treffen und Gespräche gab, bei denen normalerweise bis zu 20 Prozent neuer arbeitsrelevanter Ergebnisse ausgetauscht werden – eine überraschend hohe Zahl, wenn man bedenkt, wie zufällig solche Begegnungen im Arbeitsalltag häufig zustande kommen und es meist keine Agenda für Themenbesprechungen auf dem Flur gibt. Der Zufall spielt in der Evolution, aber auch scheinbar zwischen Gehirnen eine wichtige Rolle. Ein weiterer Beleg dafür, dass man nicht zu stark versuchen sollte, der Kreativität auf die Sprünge zu helfen, denn man beraubt sich so zu vieler Freiräume, die man nicht hätte vorhersagen können. Der Zufall braucht seine Chance.

Blumenstrauß

Kreieren Sie einen Blumenstrauß, der ganz anders aussieht als ein üblicher Blumenstrauß … Sie könnten die Blüten auf einen Faden aufziehen, sie kopfüber ins Wasser stellen, als Gebinde verschenken oder als Kranz flechten. Ihnen fallen sicher noch viele andere Möglichkeiten ein.

Umgekehrt spart der Wegfall langer Pendelzeiten zwischen dem Büro und dem Zuhause Zeit, und in einigen Berufen sind die Mitarbeiter produktiver und profitieren von einer größeren Autonomie, wenn sie aus der Ferne arbeiten, wie eine Studie über Arbeitnehmer in China ergab. Darüber hinaus berichten Universitäten, dass Kurse, die Hybrid-Lernen anbieten (sowohl persönliche als auch virtuelle oder aufgezeichnete Kurse), bei Studenten beliebt sind, die nicht zu ihrer Universität pendeln oder in deren Nähe wohnen können.

Forschungsergebnisse, die immerhin in der sehr angesehenen Zeitschrift *Nature* veröffentlicht wurden, zeigen, dass die persönliche Zusammenarbeit in einem realen Raum ein größeres Kreativitätspotenzial fördert als das gemeinsame Nachdenken in einer Videokonferenz. Melanie Brucks von der Columbia University in New York City und Jonathan Levav von der Stanford University in Kalifornien kombinierten Labor- und Feldforschung, um die Auswirkungen von Fernarbeit auf Kreativität und Ideenvielfalt zu untersuchen. Im Rahmen der Studie führte das Team ein Experiment durch, an dem eine Gruppe von etwa 600 Personen teilnahm, die in Paare aufgeteilt wurden. Eine Gruppe von Paaren arbeitete gemeinsam in demselben Raum, die zweite Gruppe arbeitete virtuell in getrennten Räumen zusammen. Jedes Paar hatte fünf Minuten Zeit, sich kreative Verwendungsmöglichkeiten für zwei Alltagsgegenstände auszudenken: ein Frisbee und eine Luftpolsterfolie. Die Forscher fanden heraus, dass die Paare, die per Videokonferenz zusammengeschaltet waren, weniger innovative Ideen hatten als die Paare, die im selben Raum arbeiteten.

Anschließend testeten die Wissenschaftler, ob ihre Ergebnisse »aus dem Labor« auch im realen Arbeitsleben Bestand haben. Zu diesem Zweck untersuchten sie rund 1500 Ingenieure, die für ein Telekommunikationsunternehmen mit Niederlassungen in fünf Ländern arbeiten. Auch hier wurden die Probanden in virtuell und real zusammenarbeitende Paare aufgeteilt und mit einer Aufgabe betraut, die derjenigen der Laborstudie ähnelte. Die Ergebnisse bestätigten sich auch im realen Arbeitsleben: Die Teams, die in Präsenz zusammenarbeiteten, erzeugten mehr kreative Ideen als die Teams, die über Videokonferenzen miteinander verbunden waren.

Warum aber führt räumliche Nähe zu mehr Kreativität? Eine mögliche Erklärung ist hier, dass Kreativität mit der Fähigkeit korreliert, sich zu bewegen und den Inhalt eines Raums zu betrachten. Die kreativeren Paare verbrachten zum Beispiel mehr Zeit damit, ihre Umgebung zu beobachten. Die virtuell zusammenarbeitenden Teams hingegen neigten dazu, sich auf ihren Computerbildschirm zu fokussieren, und dieser eng fokussierte Blick korrelierte stark mit einer geringeren Vielfalt an neuen Ideen.

Einige Aspekte wurden durch die virtuelle Teamarbeit jedoch nicht negativ beeinflusst. So gab es beispielsweise keine Unterschiede zwischen den beiden Gruppen bei der Auswahl von Ideen, die sie aus einer Liste von Vorschlägen weiterverfolgen wollten.

Ein Satz aus Glas

Nehmen Sie ein x-beliebiges Wort und erfinden Sie Sätze aus den Anfangsbuchstaben. Ein Beispiel: GLAS – Glücklich lacht Anna sonntags. Gert lümmelt am Strand. Gundula liebt abgöttisch Sahne. Finden Sie weitere GLAS-Alternativen? Wie wäre es mit REGEN, SALBEI, FAHRRAD?

Die Ergebnisse dieser und weiterer Experimente beruhen auf den bestehenden Videokonferenzwerkzeugen und -technologien. Diese entwickeln sich allerdings ständig weiter, und es ist gut möglich, dass neuere Technologien das Kreativitätsdefizit verringern könnten. So gibt es beispielsweise schon jetzt Software für die Zusammenarbeit (etwa virtuelle Whiteboards), die in Wirtschaft, Bildung und Forschung immer häufiger eingesetzt wird und einen flüssigeren und informelleren Informationsaustausch in virtuellen Umgebungen erlaubt.

Es liegt auf der Hand, dass sich das hybride Arbeiten durchsetzen wird, unter anderem wegen der vielen Vorteile, die sich aus dem breiteren Zugang zur Arbeit, geringeren Pendelzeiten, Reisekosten und Umweltbilanzen ergeben. Jetzt ist es an der Zeit, auf dem Gelernten aufzubauen und mit den verschiedenen Modellen zu experimentieren, um hybride Arbeitsformen und Fernarbeit als solche erfolgreich zu machen – und um sicherzustellen, dass sie nicht nur ein schlechter Ersatz für persönliche Interaktionen sind und der Kreativität nicht im Wege stehen.

Warum gute Laune unsere Kreativität beflügelt

Insgesamt gilt für die meisten Situationen und für die meisten Menschen, dass eine fröhliche, entspannte Stimmung die assoziative Kraft des Gehirns erhöht. Divergentes Denken wird durch ein Stimmungshoch beflügelt. Angst und Stress reduzieren es dagegen – jedenfalls meistens. Gute Laune bewirkt, dass die latente Inhibition (Hemmung) im Gehirn abnimmt: Es werden mehr Reize verarbeitet, es werden auch »schwache« Assoziationen erkannt. Wenn wir gut gelaunt sind, werden neuronale Netze offener für Neues.

Vielleicht benötigt man am Tag etwas mehr unverplante Zeit, und vor allem braucht man auch immer wieder Phasen, die nicht unter großem Druck von außen (oder innen) stehen. Dafür spricht auch, dass besonders kreative Menschen zwar oft sehr umtriebig und ehrgeizig sind, aber selten hektisch. Insofern gilt neben dem konzentrierten Arbeiten: Zeit nehmen zum Tagträumen und Sinnieren, dann kommen oft die besten Ideen. Suchen Sie nach Möglichkeiten, sich zu entspannen, und setzen Sie diese bewusst ein. Druck kann kreatives Schaffen hemmen – wer sich auf der Suche nach einem schöpferischen Einfall zu sehr das Gehirn zermartert, landet schnell in einer gedanklichen Sackgasse. Wer kluges Zeitmanagement betreibt, passt auf, dass nicht Termin an Termin grenzt, sondern es auch zeitliche Puffer zwischen den Terminen gibt.

Aber: Auch Stimmungstiefs können das Denken fördern, vor allem können sie unsere Sinne schärfen und das Aufmerksamkeits-Netzwerk aktivieren – so wie man in Gefahrensituationen sich auf die Gefahr fokussiert, kann man so auch die Aufgabenstellung schärfer und fokussierter im Blick behalten. Hinzu kommt, dass die mit dem Stimmungstief einhergehende Stresssituation, wenn diese moderat und kurzfristig bleibt, auch dem Gehirn mehr Energie zur Verfügung stellt, die Durchblutung und damit auch die Hirnleistung steigert. Aber Depression und auch andere psychischen Erkrankungen zeigen keine Korrelation zur Kreativität – depressive und schizophrene Patienten können kreativ sein, aber sie haben nicht durch ihre Erkrankung ein höheres kreatives Potenzial.

Inselspiel

Welche Namen von Inseln erkennen Sie in dem Buchstabenwirrwarr?

COAMLALR
LAMTA
AFTEENFRI
UQMSIUTE
EBONRAI
OK IAUMS
UAMI

Lösung: Mallorca, Malta, Teneriffa, Mustique, Bonaire, Ko Samui, Maui

Soziale Medien fördern selten den Ideenreichtum

Informationen und Meinungen erhält ein hoher Prozentsatz von uns heute über soziale Medien, auch Ideen: Unzählige Rezepte, DIY-Projekte und schier unbegrenzte Kreativität. Werden wir selbst aber kreativer, je mehr kreative Ideen wir auf YouTube sehen? Wahrscheinlich nicht. Und das hat einen schlichten technischen Grund: Der Algorithmus, den Konzerne wie Google vorgeben, zeigt uns immer mehr Nachrichten einer bestimmten inhaltlichen Färbung, die wir zuvor geliked oder angeklickt haben. Die aktive umfassende Suche nach Informationen über eine große Bandbreite von Aspekten wird ersetzt durch ein gefiltertes, dadurch eingeschränktes Informationsangebot. Was macht das mit uns? Die Diversität der Informationen, die unser Gehirn erhält, ist nicht mehr gegeben, und somit wird das kreative Potenzial nicht mehr gefüttert mit den unterschiedlichen Sichtweisen, Meinungen, Fakten. Sie kennen das sicher: Wenn Sie mehrmals süße Katzenvideos anklicken, erhalten Sie irgendwann eine Flut dieser Videos, gerade so als wäre dies das Abbild der Realität. Es ist aber eine virtuelle eingeschränkte Realität, die kreative Gedanken nur in einer Richtung fördert – süße Katzenvideos.

Dies soll nur ein kleiner Exkurs sein, um zu zeigen, dass wir heute in einer digitalen Medienwelt gut daran tun, aktiv nach anderen Impulsen zu suchen, die unser Gehirn divers füttern, damit wir weiter originelle Ideen produzieren und unser so dringend benötigtes Potenzial erhalten oder erweitern.

Kreativität bei jüngeren und älteren Menschen

Wer ist der kreativere Mitarbeiter: junge Menschen oder ältere? »In der Kreativität kommt auf wundersame Weise die ungezügelte Energie des Kindes mit ihrem scheinbaren Gegensatz und Feind zusammen: mit dem Ordnungssinn, den die disziplinierte Intelligenz des Erwachsenen ihr auferlegt«, formulierte der US-amerikanische Intellektuelle Norman Podhoretz. Ist Kreativität nur ein Attribut der Jugend? Wenn man liest, dass 43 Prozent aller Start-up-Gründer und -Gründerinnen jünger als 35 Jahre sind, könnte man auf diese Idee kommen – oder eben den Umkehrschluss ziehen, denn immerhin sind 57 Prozent älter als 35.

Man muss sich hier also vor Altersstereotypien hüten. Festzuhalten ist, dass die Art und Weise, wie kreative Ideen zustande kommen, sich wohl je nach Lebensalter und Berufserfahrung verändert. Entsprechend ist Kreativität in unterschiedlichen Altersstufen unterschiedlich ausgeprägt.

Als Albert Einstein begonnen hat, am Anfang seiner Physikerkarriere über die Geschwindigkeit von Licht und zwei fahrenden Züge nachzudenken und in der Folge die Relativitätstheorie entwickelt hat, strukturierte er eine gegebene Situation in einer bisher unbekannten Art neu. Auf die Frage, wie er über Raum und Zeit nachgedacht hat, antwortete der Physiker, dass er sich oft vorgestellt habe, auf einem Lichtstrahl zu reiten – oder neben ihm herzulaufen. Er habe sich auch gefragt, ob das Licht stehen bleibt, wenn man selbst in Lichtgeschwindigkeit nebenherläuft.

Wenn man gegebene Situationen in Beruf wie Privatleben neu denken will, um zu Lösungen zu gelangen, dann spielen Erfahrung und Wissen eine große Rolle. Erfahrung und Expertenwissen nehmen mit dem Alter zu. Kreativität und Alter sollten wir deshalb nicht als Gegensätze denken.

Aber: Als latente Inhibition bezeichnen Psychologen die Art von Lernen, die es einem ermöglicht, bestimmte Stimuli als irrelevant zu klassifizieren. Hat man dies gelernt und verinnerlicht, lässt man sich beim Lösen zukünftiger komplexer Aufgaben weniger stressen. Allerdings nimmt diese Fähigkeit im Alter ab, da das Arbeitsgedächtnis in seiner Leistungsfähigkeit reduziert ist. Kreativitätsstudien haben gezeigt, dass bei Menschen, die hochkreativ sind, die Stärke der lateralen Inhibition sehr gering ausfällt. Kreative Menschen sind also oft leichter ablenkbar beim Lösen einer Aufgabe – sie lassen eben den Blick auch auf Nebensächlichkeiten schweifen und entdecken so Ungewöhnliches und Originelles.

Während also Genie und Talente in der Jugend im Vordergrund stehen, sind es im Alter Weisheit und Kompetenz. Ein Tor ist aber der, der meint, dass Alter allein weise und emotional intelligent macht. Der Stirnlappen, der vor allem bei weisen Entscheidungen maßgeblich zum Einsatz kommt, ist Alterungsphänomenen besonders stark unterworfen. Nur wer sein Gehirn benutzt und bis in das hohe Alter hinein Entscheidungen treffen muss und damit seinen Stirnlappen besonders trainiert, kann die im Stirnlappen gespeicherten Erfahrungen nutzen.

Dies ist ein allgemein sehr guter Ratschlag für geistige Fitness im Alter. In meinem Buch *Jung im Kopf* ist dies detailliert ausgeführt.

Kreativitätspotenzial trainieren

Was die Forschung über Kreativität weiß, ist schon eine ganze Menge, aber die konkreten Handlungsanweisungen persönlich zu geben, ist unmöglich, wie wir bereits oft betont haben. Sie müssen sie selbst entdecken. Dazu haben wir in Kapitel 5 ÜBEN noch weitere Vorschläge für Sie zusammengestellt.

Die folgenden 10 allgemeinen Ratschläge sind eine Einstimmung:

1. **Beobachten Sie gut**
   Das Wichtigste zuerst: Besonders kreative Menschen beobachten und sehen ihre Umwelt genau. Wer Neues kreieren will, sollte sich also genau anschauen, wie Menschen vorhandenes Wissen nutzen oder Gegenstände verwenden und welche Probleme dabei auftauchen.

2. **Die Perspektive der anderen**
   Wie kann man ein Hauptgericht für einen Veganer kreieren, wie eine Fernbedienung für einen älteren Menschen? Wer Neues (er)schaffen will, muss auch in der Lage sein, sich in die Köpfe anderer Menschen hineinzuversetzen. Er muss sich fragen, wie denken und fühlen diese Menschen. Emotionale Intelligenz ist hier gefordert, und Empathie kann man üben, z. B. indem man einen Roman liest. Da man beim Lesen oft in die Köpfe und Gedankengänge der handelnden Personen schauen kann, werden Emotionen und Gedanken anderer

Menschen in Form von Geschichten greifbar, erklärbar und nachvollziehbar. Auch haben bildgebende Verfahren gezeigt, dass die Gehirnareale, die beim Hören oder Lesen einer Geschichte aktiv werden, die gleichen sind, die aktiv werden, wenn bei Aufgaben zur emotionalen Intelligenz die Beweggründe und emotionalen Situationen anderer Menschen erklärt werden sollen. Es handelt sich hierbei um den orbitofrontalen Cortex, der zum Stirnlappen gehört und hinter den Augenbrauen nach innen geklappt an der vordersten Stelle des Großhirns liegt.

3. **Komfortzone verlassen**
   Wer seine gewohnten Wege verlässt, kommt häufiger auf neue Ideen. Fremde Länder, ungewohnte Gerüche, andere Farben geben neue Impulse. Wer reist, ist kreativer! Das haben wissenschaftliche Studien vielfach gezeigt. Aber es muss nicht zwingend eine Reise sein in ein Land, das man noch nicht kennt. Auch etwas Neues zu lernen oder sich zu trauen, unkonventionelle Ideen zu äußern, selbst auf die Gefahr hin, dass diese nicht funktionieren werden, ist stimulierend. Und: Wer Neues schaffen will, muss auch bereit sein, sich auf dem Weg dorthin zu blamieren, Fehler zu machen und aus diesen dann zu lernen.

4. **Spaß und Frust – beides ist erlaubt**
   Bei guter Laune wird das assoziative Denken gefördert, schlechte Laune schränkt die vernetzt-denkende Art des Gehirns eher ein. Wenn Sie intensiv nachdenken, aber trotzdem keine Lösung finden, akzeptieren Sie Frustrationsphasen – wenn das Problem so leicht zu lösen gewesen wäre, dass jeder schnell eine Lösung gefunden hätte, würden wir nicht so bewundernd von Kreativität sprechen.

5. **Reden, um zu verstehen**
   Es kann helfen, ganz unbeteiligten Menschen Ihre Ideen zu präsentieren, die eigenen Gedanken einem Nicht-Experten zu erklären. Das zwingt einen zu einer anderen Wortwahl, und auch das ändert die Denkwege. Außerdem fallen einem so eher Denkfehler auf, und die unbedarfte (naive) Sichtweise eines Außenstehenden kann allein durch Nachfragen interessante Aspekte eröffnen.
6. **Gedanken wandern lassen**
   Wenn man bei einer Aufgabe oder einem Problem nicht weiterkommt, hilft es, Abstand zum Problem zu gewinnen. Gönnen Sie sich einen kurzen Mittagsschlaf, eine Phase des Tagträumens oder eine Gedankenwanderung, gehen Sie spazieren, reden Sie mit anderen und versuchen Sie, in jedem Fall die Gedanken auf andere Zusammenhänge auszurichten und danach mit neuem Mut einen neuen Anlauf zu nehmen.
7. **Den REM-Schlaf die Arbeit erledigen lassen**
   Schlafen setzt kreative Energie frei. Dies belegen Studien des Psychologen Ullrich Wagner Anfang der 2000er Jahre, damals an der Universität Lübeck. In diesen Studien mussten die Probanden aus komplexen Zeichenfolgen einfache Regeln ableiten, die den zunächst undurchschaubaren Zeichenfolgen zugrunde lagen. Dies gelang den Probanden am besten, wenn sie zunächst eine Fülle von Aufgaben erledigten und dann eine nächtliche Schlafpause einlegten. Dies könnte etwas mit den Arbeitsprozessen in unserem Hippocampus zu tun haben: In den REM-Schlafphasen werden verstärkt neue mit alten Erfahrungen vermischt, und es wird eine Neu-Sortierung der Tagesmuster vorgenommen – und genau dabei scheinen auch unbewusste Muster prozessiert zu werden, die als Lösungen für komplexe Probleme dienen und tatsächlich am nächsten Tag zu einem Aha-Effekt beitragen können.

8. **Abstand gewinnen**
   In einem anderen Versuch des Psychologen Lile Jia damals an der Indiana University in Bloomington, heute an der National University of Singapur, sollten die Probanden kreative Aufgaben lösen und erhielten die Information, dass die Antworten von Wissenschaftlern in einem Nachbarlabor oder in weit entfernten amerikanischen Städten – also in räumlicher Distanz – bewertet werden sollten. Die Psychologin Nira Liberman von der Tel Aviv Universität in Israel versuchte es mit zeitlicher Distanz: In einer geistigen Aufwärmübung sollten die Probanden sich vorstellen, wie sie sich wohl am nächsten Tag oder aber in einem Jahr fühlen werden. In beiden Fällen, also bei räumlicher oder zeitlicher Distanz, schnitten die Studenten doppelt so gut ab, wenn sie glaubten, die Tests würden weit entfernt ausgewertet oder zeitlich in die Zukunft verlagert werden. Die größere Distanz hatte das Simulations-Netzwerk im Gehirn stärker aktiviert. Sie haben freier assoziiert und auch über abstraktere Regeln nachgedacht.
9. **Irritierende Lockerungsübungen**
   Wer seine Denkroutinen durchbrechen will, muss auch andere Routinen durchbrechen. So empfiehlt es sich, bevor man in eine Besprechung geht, in der neue Ideen von einem erwartet werden, vorher etwas für das Gehirn Irritierendes zu tun: einen neuen Weg zur Arbeit nehmen, sich anders kleiden als gewohnt, eine Kurzgeschichte von Franz Kafka lesen (siehe Seite 71), sich selbst Aufgaben stellen, z. B. die Augen schließen und sich sechs Mal drehen und dann die Augen wieder öffnen und sich eine Geschichte ausdenken zu dem ersten Gegenstand, der einem ins Auge fällt.
10. **Spielerisch denken**
   Spiele fördern auf angenehme, aber auch herausragende Weise die kombinatorische Kraft des Gehirns und versetzen

uns in eine positive Stimmung. Der Mensch ist nur da ganz Mensch, wo er spielt – oder wo er döst … »Denn, um es endlich einmal herauszusagen, der Mensch spielt nur, wo er in voller Bedeutung des Wortes Mensch ist, und er ist nur da ganz Mensch, wo er spielt«, schrieb schon Friedrich Schiller in *Über die ästhetische Erziehung des Menschen*.

KREATIVE BÄLLE IN DER LUFT HALTEN

Bettina Hagen-Demuth, Künstlerische Fotografin, Autorin, freie Wohn-Journalistin; www.bettinahagendemuth.com

Kreativität – das heißt für mich: Aktivität. Ich bin ein sehr aktiver Mensch – aber nicht im »Außen«, denn ich bin selten unternehmungslustig. Die Aktivität findet im Inneren statt: Mein Gehirn arbeitet ständig auf Hochtouren, sprudelt unablässig neue Ideen hervor. Damit ich dabei nicht überlaufe, braucht es ein Ventil, in meinem Fall sogar mehrere: meine fotografische Arbeit, Schreiben, Einrichten – ich liebe es zu gestalten, mag das spielerische Moment. Wie ein Jongleur halte ich meine Kreativitäts-Bälle in der Luft, greife abwechselnd einen heraus, widme mich diesem dann ganz. Meine Quelle sprudelt, solange die Rahmenbedingungen stimmen: gesunde Ernährung, genügend Schlaf und natürlich Inspiration: Bilder, Bücher, Ausstellungen! Unverzichtbar ist der intensive Dialog mit meinem Mann, er ist einer meiner beiden kreativen Sparringspartner. Dennoch arbeite ich gerne für mich allein, lasse mich beim schöpferischen Prozess nur ungern stören. Probleme versuche ich als Herausforderung zu sehen, die ich clever lösen sollte; weil das dauern kann, bin ich froh, dass auch Ausdauer zu meinem Repertoire gehört. Allerdings: In meinen jungen Jahren hat mich meine unorthodoxe Denkweise oft verunsichert, sie entsprach einfach nicht der Norm. Heute weiß ich: Es ist meine Form der Kreativität, auf die ich mich absolut verlassen kann – solange man mich nicht mit trockenen Dingen wie einer Steuererklärung quält. Da kommt der ganze Fluss ins Stocken, und ich sitze auf dem Trockenen: purer Horror für mich.

KAPITEL 5

ÜBEN: Alltagstraining für jedes Gehirn

»Du kannst nicht auf Inspiration warten,
du musst sie mit einem Knüppel jagen.«
Jack London, Schriftsteller (1876–1916)

Wie kann jeder grundsätzlich – und zunächst ganz unspezifisch – kreatives Denken üben? Im Alltag und ganz allgemein, wie eine Art Kreativitätsbasis, unabhängig von einer konkreten Situation, in der man einen kreativen Arbeitsmodus benötigt?

Für einzelne Aufgabenstellungen im konkreten Fall bieten sich spezielle Kreativtechniken mit unterschiedlichen Methoden an, die wir Ihnen in Kapitel 6 LERNEN vorstellen werden. Hier aber geht um etwas anderes, Lebensübergreifendes: Wie schafft man es, seinen Alltag derart mit kreativen Denkzuständen zu verweben und insgesamt sein Gehirn zu »tunen«, um die kreative Grundbereitschaft zu erhöhen?

Solch ein Alltagstraining ist in vielen Situationen hilfreich: bei der Entschärfung sozialer Konfliktsituationen, bei der Ideensuche für ein passendes Geschenk, bei einer Aufgabe, die sich am Arbeitsplatz stellt.

Natürlich sind zunächst alle alltäglichen einfachen Stimuli für das Gehirn wichtig. Aber um den Kreativitätsmodus zu trainieren, ist es entscheidend, den Modus individuell zu strukturieren, ähnlich wie im Fitnessstudio, in dem man verschiedene Muskelgruppen möglichst variantenreich trainiert.

»Use it or loose it« – gebrauche es oder verliere es. Benutzt man Muskelgruppen nicht häufig genug, verkümmern sie. Dasselbe gilt, wenn man seine Kreativität trainieren möchte. Sich einfach nur mit Eindrücken berieseln zu lassen, ist nicht der richtige Weg. Man muss sich schon in einen Gehirn-Bereitschaftsmodus begeben, der die Neugierde auf Neues steigert, Selbstbewusstsein verleiht, wenn man seine kreativen Fähigkeiten stärken möchte. Kreativität »fällt keineswegs vom Himmel«, vielmehr kann es harte Arbeit sein, sich in einen kreativen Arbeitsmodus zu begeben. Aber: Man kann es üben bzw. im Alltag nach Situationen suchen, in denen das Gehirn bereit ist, sich neu zu verdrahten, also plastisch zu sein, und alle assoziativen Ressourcen zwischen den verschiedenen Wissens- und Gedächtnisspeichern zu nutzen. Dass Sie generell Ihre Einstellung in Richtung Kreativität aktivieren können, das haben Sie bereits in den Kapiteln 2 und 4 gelesen.

Striche mit Gefühl

Zeichnen Sie Ihr erstes Haustier! Nehmen Sie sich ein Blatt Papier, einen Stift – und los geht's. Zeichnen Sie schlicht Umrisse und charakteristische Merkmale, an die Sie sich erinnern können. Schöne, schreckliche und lustige Erinnerungen sind willkommen.

Jetzt geht es ums Üben, sozusagen ums Warmlaufen. Wir haben bereits betont: Kreativität erscheint, oberflächlich betrachtet, leicht, kann jedoch anstrengend sein. Genauso werden Ihnen auch die Übungen, die hier vorgestellt werden, nicht immer spaßig vorkommen, manche vielleicht sogar banal – zu Beginn. Womöglich stellt sich die Freude am kreativen Denken erst nach einer Weile ein, aber die Mühen lohnen sich.

Eine kleine Alltagsübung

Wir beginnen mit einem kleinen Ideenjogging für den Alltag: Erstellen Sie eine einfache Strichzeichnung, entweder auf einem

Blatt Papier, in diesem Buch im Anhang auf Seite 211 (Nummer 3) oder in einem Notizbuch, das Sie als Kreativbuch weiterverwenden wollen. Ob diese Zeichnung abstrakt ist oder gegenständlich, entscheiden Sie! Es ist für die Übung unerheblich. Denken Sie am besten nicht allzu lange darüber nach, sondern lassen Sie den Stift und Ihre Hand (und natürlich Ihr Gehirn) die Arbeit tun.

Nun schauen Sie jeden Morgen auf diese kleine Zeichnung und assoziieren, was Ihnen einfällt: immer das Gleiche, immer etwas anderes, vielleicht Absonderliches? So lernt Ihr Gehirn, Denkschranken zu überwinden. Vielleicht notieren Sie auf einem anderen Blatt oder auf der Rückseite Ihre Assoziationen. Direkt neben die Zeichnung sollten Sie nichts notieren, weil das die Wahrnehmung am nächsten Tag beeinflussen wird, genau das wäre aber kontraproduktiv. Denn sobald Sie den Begriff oder die Worte sehen, die Sie am Tag zuvor geschrieben haben, denkt Ihr Gehirn wahrscheinlich eher in die gleiche Richtung weiter, denn es ist sehr schwer, sich von den durch die Notizen getriggerten Gedanken zu lösen.

Denken in Assoziationsketten

Vielleicht gefällt Ihnen auch diese gedankliche Alltagsübung: Sie stehen morgens auf, und alles, worauf Ihr Blick fällt, nehmen Sie zum Anlass, eine Assoziation zu finden: Was hat zum Beispiel jeder dieser Gegenstände mit meinem Beruf zu tun? Handy, Wecker, Nachttischlampe, Bettwäsche, Zahnbürste, Spiegel, Wasser, Toilettenpapier, Kaffeemaschine, Tasse, Tisch, Messer, Butter, Honig, Fahrrad …

Hier zwei – zugegeben sehr persönliche – Beispiele:

Ohne Handy könnte ich meinen Job nicht erledigen. Wie könnte ich dennoch ohne Handy zurechtkommen? Was würde ich anders organisieren? Ich versuche, mal einen Tag ohne Handy meine Arbeit zu erledigen. Ich stelle es einen Tag lang lautlos.

Den Wecker hat Fritz, mein Ex-Freund, mir geschenkt, weil ich immer zu spät gekommen bin. Bin ich pünktlicher geworden? Warum ist Pünktlichkeit überhaupt wichtig? Wann war ich das letzte Mal im Büro unpünktlich? Bin ich unhöflich, wenn ich Menschen warten lasse? Passiert mir das immer nur in bestimmten Situationen bei bestimmten Menschen? Meine Mutter war auch unpünktlich. Ist ein bisschen zu spät kommen nicht manchmal auch gut? Sollte ich Fritz mal anrufen? Fritz war pedantisch. Oder war er nur respektvoll und ist deshalb nie zu spät gekommen?

Derartige Gedankenketten können Sie genauso auf dem Weg zur Arbeit bilden, in der Mittagspause oder beim Betreten eines Kinos, einer Konzerthalle, der Wohnung von Freunden. Sie können natürlich auch die Fragestellung variieren: Was hat das mit meinen Eltern zu tun? Mit meinen Kindern? Mit meinem Partner? Mit meiner Lehrerin? Mit meinem Vorgesetzten? Mit meinen Hobbys?

Mit ein wenig Übung werden Sie auf viele und immer neue Gedanken und Assoziationen kommen, die sich auch zu Assoziationsketten formieren werden. Auch lustige Assoziationsketten können entstehen: Woran erinnert mich dieser Duft? (Parfüm Tante Elsa) Was mochte ich an Tante Elsa? (die Locken) Warum sind manche Haare gelockt, andere glatt? (vererbt) Wie sieht in unserer Familie der Stamm der Haarkräuselung aus? usw.

Sie entscheiden selbst, wieviel Zeit Sie einplanen, welche Form Sie gut finden, welche Frage Sie sich stellen, was Ihnen Spaß macht. Sie können sich eine Stunde dafür Zeit nehmen oder fünf Minuten.

Sie können sich auch einen Raum vornehmen und alle Details durchgehen (Fenster, Tür, Vorhang, Tisch, Stuhl, Teppich, Topf, Fernseher …).

Oder Sie reagieren nur auf bestimmte Farben: blau und weiß?

Sie suchen nur nach bestimmten Formen, zum Beispiel etwas Rundes?

Oder Sie nehmen sich ein bestimmtes Thema vor: zum Beispiel Ostern.

Assoziieren Sie, was Ihnen spontan einfällt. Ihrer Fantasie sind überhaupt keine Grenzen gesetzt. Es geht nicht um das Ergebnis oder die Wertigkeit eines Gedankens.

Wichtig ist, dass es nicht beim Vorsatz bleibt, sondern dass Sie diese Übungen in Ihren Alltag einbauen. Am besten gelingt das mit zuverlässigen Hinweisreizen, z. B. nach dem Aufstehen, nach dem Zähneputzen, auf dem Weg zur Arbeit, vor oder nach der Mittagspause.

Mit der Zeit werden Sie immer neue Fragestellungen, immer neue Gegenstände, Personen oder Orte entdecken, die Ihr Gehirn aktivieren.

Sie dürfen zu Recht fragen, wie Ihnen das helfen soll, in Beruf oder Privatleben kreativer nach Lösungen für Probleme oder nach neuen Ideen zu suchen. Die Antwort ist sehr einfach: Sie stärken damit Ihre Assoziationsfähigkeit, die Sie dann bei Bedarf jederzeit maximal abrufen können.

Es geht darum, im Gehirn weite und großflächige neuronale Datenpfade zu verwenden und nicht die automatisierten, häufig genutzten und schnellen Datenautobahnen. Man kann hier auf der einen Seite versuchen, einen Zustand der Hypofrontalität (siehe Seite 59) zu erreichen (den Stirnlappen in seiner Aktivität und damit seiner Kontrolle über Datenwege im Gehirn zu hemmen), in dem man meditiert, Momente des Aufwachens oder nach dem Duschen nutzt; oder man hat, wie im nächsten Kapitel 6 LERNEN zu sehen sein wird, gelernt, Methoden einzusetzen, die die

Hand übers Papier gleiten lassen

Nehmen Sie ein Blatt Papier und beschreiben Sie es handschriftlich. Womit? Das ist ziemlich egal. Sie sollten nur nicht etwas abschreiben, sondern einfach den Gedanken freien Lauf lassen. Es ist dabei unerheblich, ob das auf den ersten Blick einen Sinn ergibt.

mögliche Anzahl an Assoziationen, die man zu einem Thema überhaupt denken kann, erhöhen. Denn: Kann man mehr Ideen generieren, hat man einen größeren Fundus, aus dem man durch den Selektionsprozess des Nachdenkens über die Tauglichkeit der einzelnen Einfälle diejenigen herausfiltern kann, die einen weiterbringen und ein Problem zu lösen vermögen.

KREATIVTRAINING

Wie gut ist Ihr Formengedächtnis?

Dies ist eine Übung, in die Sie nur 5 oder 10 Minuten investieren sollten. Es geht darum, Ihre Vorstellungskraft anzuheizen. Im Anhang auf Seite 213 (Nummer 4) finden Sie eine Seite mit vielen gemalten Dreiecken als Fläche. Es können gleichschenklige, gleichseitige, spitzwinklige oder rechtwinklige Dreiecke sein. Welche Objekte können Sie mit dieser Grundform zeichnen? Die Größe des Objekts ist nicht entscheidend, Sie dürfen auch über die vorgegebene Form hinausmalen. Sprengen Sie gedankliche Schranken: Wimpel, Stern, Pizzastück, …

Fällt Ihnen nichts mehr ein? Dann schauen Sie sich gerne im Anhang auf Seite 214 (Nummer 5) unsere Anregungen an.

Um-die-Ecke-Denken-Wochenplan

Alltägliche einfache Stimuli sind für das Gehirn wichtig, nur halten sie uns meist davon ab, kreativ zu sein. Wir müssen diese Anlässe – Anker für kreatives Denken – selbst setzen und so die notwendige Schnittstelle zum kreativen Denkmodus schaffen.

Hier ein Beispiel für einen fiktiven Wochenplan, in dem Sie sich nicht die üblichen Termine aufschreiben, sondern das Besondere, Ungewöhnliche notieren:

Suchen Sie sich für jeden Wochentag drei Dinge aus, die Sie anders oder neu machen wollen:

- Putzen Sie mit der falschen Hand die Zähne, auf einem Bein stehend.
- Überlegen Sie, wie die Namen von Kollegen rückwärts gesprochen werden.
- Lesen Sie die Überschriften der Zeitung falsch herum.
- Lernen Sie den Einkaufszettel zuhause mit Hilfe von Eselsbrücken auswendig.
- Duschen Sie morgens mit geschlossenen Augen.
- Benutzen Sie montags (wahlweise an einem anderen Tag) die Computermaus mit der »falschen Hand«.
- Versuchen Sie eine Woche lang jeden Tag einen neuen Weg zur Arbeit zu finden – sei es zu Fuß, mit dem Fahrrad, mit dem Bus oder dem Auto.
- Essen Sie doch an einem Tag mal nur Lebensmittel in den Farben Rot oder Grün.
- Fragen Sie sich: Was hat mich heute erstaunt?
- Arbeiten Sie in Ihrem Büro für kurze Zeit an einem anderen Platz.
- Wenn Sie oft im Homeoffice arbeiten, wechseln Sie den Platz gelegentlich: Küche, Wohnzimmer, Kinderzimmer, Arbeitszimmer, Balkon, selbst das Bad kann neue Perspektiven eröffnen.
- Setzen Sie sich heute mal beim Frühstück, Mittagessen oder Abendessen an einen anderen Platz – im Vergleich zur üblichen Tischordnung.
- Nehmen Sie Ihr Mittagessen im Freien ein – auch wenn es regnet.
- Gehen Sie an einem Ort, den Sie gar nicht kennen, spazieren.
- Legen Sie etwas an einen anderen, ungewohnten Platz. Zum Beispiel: die Schuhe auf den Schrank stellen oder den Badeanzug

über die Wohnzimmerlampe hängen. Ganz natürlich ist es zum Beispiel, Schlüssel oder Handy immer an den gleichen Platz zu legen, weil man alles, ohne nachzudenken, dort schnell wiederfindet. Aber auch diese Orte darf man ruhig jede Woche ändern.

Was man alles mal anders machen kann

Hier wollen wir Ihnen noch einige – etwas aufwendigere – Inspirationen mitgeben, was Sie einfach mal anders machen könnten. Sie haben die freie Wahl!

- Kehren Sie Ihr Denken um 180 Grad um (gegen den Uhrzeigersinn denken): Wie müsste eine Zeitschrift aussehen, die ich niemals kaufen würde? Wie müsste mein Produkt gestaltet sein, sodass es niemand kauft. Diese Frage kann sich jeder in seinem Beruf stellen. Oder: Wie sehen Brötchen aus, die niemand essen will? Wie gestalte ich meine Haustür, damit niemand gerne hereinkommt? Wie nenne ich meinen Hund, sodass sich alle umdrehen und fragen: Wie sind Sie nur auf diesen Namen gekommen?
- Beschließen Sie den Tag mit einer Partie Schach oder lernen Sie ein neues Spiel.
- Versuchen Sie doch mal einen Reim, vielleicht auf einer Glückwunschkarte?
- Denken Sie sich eine verrückte Geschichte zu jedem Menschen aus, dem Sie auf der Arbeit begegnen.
- Lösen Sie ein Sudoku.
- Finden Sie ein Fremdwort in Ihrer Tageszeitung und suchen Sie nach der Erklärung.
- Versuchen Sie aufzuzählen, wie viele Ampeln Sie auf dem Weg zur Arbeit haben.
- Lösen Sie ein Kreuzworträtsel – aber zügig.

- Lesen Sie abends ein Buch, das Sie immer schon mal in die Hand nehmen wollten. Der Fernseher bleibt aus.
- Hören Sie einen Podcast zu einem Thema, das Sie eigentlich null Komma null interessiert.
- Suchen Sie in Ihrer Stadt alle Straßennamen, die mit einem K (oder einem anderen Buchstaben) anfangen, und gehen Sie nach und nach im Laufe des Jahres diese Straßen ab. Sie entdecken die wundersamsten Dinge, selbst in einer Stadt, in der Sie seit Jahren leben.
- Suchen Sie sich einen Sehnsuchtsort auf der Landkarte aus und versuchen Sie, so viel Neues wie möglich darüber zu erfahren.
- Legen Sie sich ein Notizheft auf den Nachttisch und notieren Sie gleich nach dem Aufwachen, was Ihnen als Erstes in den Sinn kommt.

Das sind nur einige Beispiele. Sie selbst können die Liste beliebig verlängern. Es wird darauf ankommen, sich immer mal wieder etwas Neues einfallen zu lassen – und sich einigermaßen regelmäßig herauszufordern. Es sind Gehirn-Lockerungsübungen, um sich oder andere Menschen dazu zu bringen, eingetretene Denkpfade zu verlassen: Lassen Sie Ihrer Fantasie freien Lauf.

Einen Fuß vor den anderen setzen

Gehen Sie eine Viertelstunde spazieren und sehen, riechen und hören Sie, was um Sie herum passiert. Versuchen Sie nicht, über etwas nachzudenken, sondern spüren Sie einfach …

Ein Was-wäre-wenn-Szenario

»Wenn das Wörtchen ›wenn‹ nicht wär, wär mein Vater Millionär« – vielleicht kennen Sie dieses Sprichwort. Es erklärt die Ursache-Wirkung-Beziehung zwischen zwei Variablen, also eine Bedingung. Man stellt sich gedanklich vor, was sein könnte …

Hier eröffnen sich fantasievolle Räume fürs Herumspintisieren, neue Möglichkeiten des Denkens und Szenarien, die zunächst unmöglich scheinen. Die Vorstellungskraft ist aktiviert, die Kombination von abwegigen Elementen gefördert.

Probieren Sie diese Technik doch mal vor dem Einschlafen aus und stellen Sie sich selbst Was-wäre-wenn-Fragen: Was wäre, wenn ich morgen kündige? Was wäre, wenn ich morgen meinem Chef sage, dass ich eine Gehaltserhöhung wünsche? Was wäre, wenn ich morgen ausziehe, wenn ich mir morgen einen Hund kaufe, wenn ich mir morgen einen Luxuswagen bestelle? Was wäre, wenn ab morgen alle Menschen das gleiche Gehalt bekämen? Was wäre, wenn eine Tablette gefunden würde, die alle Krankheiten sofort heilt? Diese, wahrscheinlich fiktiven, Konstruktionen erlauben Ihnen Gedankenspiele. Sie können sie auch für konkrete Themen und Probleme, die gelöst werden müssen, anwenden. Vielleicht lösen Sie sich von scheinbar festgezurrten Konditionen und kommen auf diese Weise zu ungewöhnlichen Lösungsansätzen? Auf jeden Fall kann es eine Menge Spaß machen, übrigens auch in einer Gruppe oder der Familie: Was wäre, wenn wir Weihnachten in diesem Jahr gar nicht feiern? Was wäre, wenn ich morgen meinen Kindern vor der Schule einfach mal ein Eis kaufe? Was wäre, wenn wir in diesem Jahr nicht in den Urlaub fahren? Was wäre, wenn wir ein Jahr ein Sabbatical nehmen und um die Welt segeln?

Alle diese »Was wäre wenn«-Fragen helfen einem, sich neue, alternative Realitäten vorzustellen und zu durchdenken und das Um-die-Ecke-Denken zu üben.

Achtsamkeit steigert die Kreativität

Am Beginn eines kreativen Prozesses steht die Identifikation eines Problems oder eine Fragestellung, die es zu lösen gilt. Dafür muss man sehr aufmerksam das eigene Denken oder die Abläufe in seiner Umgebung beobachten. Das achtsame Wahrnehmen ist unter zwei Aspekten wichtig: erstens, um die Aufgabenstellung präzise zu erfassen, und zweitens, um eine Lösung zu finden. Kreative Menschen sehen in ihrer Umwelt mehr verschiedene Dinge, Objekte oder Zusammenhänge als weniger kreative Menschen. Studien mit besonders kreativen Menschen zeigen immer wieder, dass diese die Welt genauer sehen, eben weil sie in allen Details hingeschaut haben und nicht nur den Blick metaphorisch wie real vom Handydisplay angehoben haben. Alles, was für diese initiale Phase der Kreativität die »Achtsamkeit« schult, schult auch die ersten Schritte schöpferischen Denkens. Achtsamkeit bedeutet, dass man Abläufe oder verwendete Materialien hinterfragt, das eigene Handeln reflektiert und immer wieder versucht, auch gegen den Uhrzeigersinn zu denken. Denn unsere geistigen Schranken bestimmen mindestens im gleichen Maße unsere Leistungsfähigkeit, wie dies unsere biologischen Grenzen tun. Wer häufig bewusste Entscheidungen durchdenkt, Routinen hinterfragt und seinen eigenen Gewohnheiten durch ein Abwandeln seiner Handlungen immer wieder entkommt, der ist gezwungen seinen Stirnlappen dabei zu aktiveren – genauer gesagt: Unser Arbeitsgedächtnis im präfrontalen Stirnlappen wird trainiert und in seinem Leistungsvermögen gesteigert. Das ist von Vorteil beim konzentrierten Nachdenken. Dies ist vor allem am Anfang eines kreativen Prozesses wichtig, wenn es zu entscheiden gilt, welche Frage es zu stellen lohnt. »Eine Fragestellung überhaupt erst mal zu formulieren, ist oft wichtiger als die Lösung«, schrieb Albert Einstein 1938 in seinem Werk *Die Evolution der Physik.*

Es ist gar nicht so leicht, sich auf eine Fragestellung, auf ein Detail länger zu konzentrieren. Wussten Sie zum Beispiel, dass wir durchschnittlich unsere Arbeit am Computer alle 40 Sekunden unterbrechen? Achtsamkeitsübungen sind eine Meditationsform – häufig für Anfänger die leichteste Form –, um den gegenwärtigen Augenblick bewusst und ohne Wertung zu spüren. Sie lässt uns innehalten. Lehrbücher, Anleitungen und Apps erklären, wie durch Atmung Achtsamkeit erlangt werden kann.

Hier eine kurze einfache Übung als Anregung, die den Sympathikus und den Parasympathikus in ein Gleichgewicht bringt, denn beide werden über Atemrhythmen aktiviert und deaktiviert. Beide gehören zum vegetativen autonomen Nervensystem, das unabhängig von unserem Willen fast alle inneren Organe reguliert, ebenso wie Atmung, Kreislauf und den Stoffwechsel. Der Sympathikus ist für Erregung, Leistung und Aktivität zuständig, der Parasympathikus für Erholung. Die Übung haben wir Dr. Sophie Morts Buch *Anleitung für dein Leben* entnommen.

KREATIVTRAINING

Fünf Minuten bewusst atmen

Ein bequemer Platz und eine bequeme Sitzposition sind hilfreich. Die Augen sind geschlossen. Nun dreimal tief durch die Nase ein- und dann ausatmen. Konzentrieren Sie sich auf Geräusche in Ihrer Umgebung, konzentrieren Sie sich nur darauf. Achten Sie nun bewusst auf das Geräusch des eigenen Atems. Spüren Sie den Weg Ihres Atems über Nase, Hals, Brust, Bauch nach und zurück nach. Wo spüren Sie den Atem besonders intensiv? Verfolgen Sie die Gedanken, aber kehren Sie immer wieder zum Atem zurück. Auch wenn Sie abschweifen, kehren Sie wieder zum Atem zurück. Gegen Ende bewegen Sie sacht Zehen und Finger und öffnen die Augen.

Meditation stärkt die Willenskraft

Meditation stärkt die Fähigkeit des Gehirns, sich zu konzentrieren, achtsam zu sein – und indirekt so auch die Willenskraft. Je länger man es schafft, sich mit einer Sache zu beschäftigen, desto besser funktioniert der präfrontale Cortex (siehe auch Seite 44). Wenn wir uns auf unsere Atmung konzentrieren, gleitet das Gehirn besser in einen gedanklichen Freilaufrhythmus. Aber Meditieren ist mehr. Es macht unser Denken klarer, ermöglicht uns auch das Nicht-Denken und hilft beim Fokussieren. Es gibt unzählige unterschiedliche Formen der Meditation: Geh-Meditation, Mantren, Zen-Buddhismus, angeleitete und freie Meditationen und viele mehr. Versuchen Sie es einfach, zum Beispiel mit einer Gedankenmeditation. Hier eine Anregung für eine Meditation der Psychologin Sophie Mort.

KREATIVTRAINING

Mein sicherer Ort

Setzen oder legen Sie sich hin, ganz bequem, lehnen Sie sich auf jeden Fall an, schließen Sie die Augen oder senken Sie Ihren Blick und konzentrieren Sie Ihren Blick auf einen Punkt vor Ihnen. Nun atmen Sie gleichmäßig ein und aus. Stellen Sie sich nun einen friedlichen Ort vor, an dem Sie gerne wären. Beobachten Sie innerlich diesen Ort. Wie sieht er aus? Wo ist das? Was hören Sie? Wonach riecht es? Welche Farben sehen Sie? Welche Blumen, Gebäude, Natur, Tiere? Ist es Sommer oder Winter? Ist es warm? Wie das Licht? Beobachten Sie alles genau an diesem Wunsch-Ort. Vielleicht erinnern Sie sich an einen ähnlichen Ort, den Sie aus vergangenen Zeiten kennen. Spüren Sie dem Gefühl nach.

Wenn Sie aus dem sicheren Ort zurückkehren möchten, in die gegenwärtige Realität, öffnen Sie die Augen und schauen bewusst umher.

Drei einfache Ratschläge

Julia Cameron ist eine Bestsellerautorin, die bereits einige Hollywoodstars, wie zum Beispiel die Schauspielerin Reese Witherspoon und die Sängerin Alicia Keys, aber auch Maler, Buchautoren und Regisseure beraten hat. Ihr 1992 veröffentlichtes Buch *Der Weg des Künstlers – ein spiritueller Pfad zur Aktivierung unserer Kreativität* brachte ihr den Ruf ein, Künstlern bei Kreativitätsblockaden zu helfen. Mehr als vier Millionen Exemplare wurden weltweit bisher verkauft. Und sie hat rund ein Dutzend weitere Bücher geschrieben, die sich vor allem während der Corona-Pandemie bestens verkauft haben. Die nun 74-jährige Cameron, die von 1975 bis 1977 mit dem US-amerikanischen Regisseur, Drehbuchautor und Filmproduzenten Martin Scorsese (*Taxi Driver, GoodFellas*) verheiratet war, schwört auf drei Ratschläge, von denen sie glaubt, dass sie allen Menschen helfen, ein kreativeres Leben zu führen:

1. **Morgenseiten schreiben.** Das bedeutet: Gleich wenn Sie aufstehen, schreiben Sie per Hand drei Seiten über alles, was Ihnen in den Sinn kommt. Noch bevor Cameron den ersten Kaffee trinkt, vollführt sie jeden Morgen dieses Ritual – seit Jahrzehnten. Sie sagte in einem Interview mit der *Süddeutschen Zeitung* im Juni 2023: »Durch das Schreiben wird man sich selbst gegenüber ehrlicher und erreicht Klarheit über sich.« Eventuell können Sie die Idee auch abwandeln (wer schreibt schon drei handschriftliche Seiten jeden Tag?), indem Sie gleich am Morgen drei Ideen aufschreiben.
2. **Spaziergänge:** Zwei Spaziergänge pro Woche sind Pflicht, allerdings ohne Musik oder Podcasts zu hören. Es kommt darauf an, sich auf die Umgebung und Wahrnehmung zu konzentrieren.
3. **Selbst-Expedition:** Einmal in der Woche einen Flanierausflug machen, entweder in ein Museum oder in eine unbekannte Nachbarschaft. Sich einfach treiben lassen und Neues entdecken.

Wie lange sollte man üben?

Eigentlich immer. Aber da die Zeit für die meisten von uns knapp ist, müssen wir uns zwangsläufig beschränken. Jeden Tag vielleicht auf 10 Minuten oder in Leerlaufphasen vielleicht auf 20 Minuten. Welche der Inspirationen und Übungen für Sie persönlich am besten funktioniert, werden Sie ausprobieren müssen: Das ist übrigens nicht nur eine gute Möglichkeit, sein kreatives Potenzial besser auszuschöpfen, das hat auch eine entstressende und damit gesundheitsfördernde Wirkung.

Die einzige Einschränkung, die man machen kann, ist: Wenn Sie wissen, Sie benötigen morgen eine gute Idee, dann wird es wenig hilfreich sein, heute mit dem Üben zu starten. Eine Marathonvorbereitung dauert, wenn sie sinnvoll und erfolgreich zum Ziel führen soll, auch mehrere Monate. Der beste Ratschlag ist also: Üben Sie lieber konstant und kürzer als einmal pro Woche zwei Stunden am Stück.

Die Kunst, kreativ zu denken, geht einem – wann, ist bei jedem unterschiedlich – irgendwann sozusagen in Fleisch und Blut über. Man kann gar nicht mehr anders, als auch querzudenken, über den Tellerrand zu schauen und dann bei Bedarf den Kreativitätsschalter umzulegen.

Sieben-Wort-Geschichte

Haus, Treppe, Spiegel, Telefon, Hund, Verband, Tee. Diese sieben Worte sind beliebig. Erfinden Sie einfach eine Geschichte dazu. Sie sollten die vorgegebene Reihenfolge einhalten. Zehn Sätze genügen vollkommen, um aus den sieben Worten eine Geschichte zu konstruieren. Sie können Sie natürlich auch ausschmücken. Und dann ändern Sie die Reihenfolge – von hinten nach vorne. Welche Geschichte entsteht nun?

MEIN IDEENBUCH

Gedanken sind oft flüchtige Konstrukte. Schreibt man sie nicht auf, vergisst man sie. Da niemand, auch Sie nicht, wissen kann, wann welcher Gedanke, welches Bild, welche wirre Assoziation sich in Zukunft zu einer tragfähigen Idee, gar einem genialen Geistesblitz entwickeln kann, lohnt es sich, alles aufzuschreiben, was Ihnen auffällt, was besonders erscheint, Ihre Aufmerksamkeit erregt, was jemand anders gesagt hat. Es kann ein Foto sein, ein Satz, eine Figur, ein Erlebnis, etwas Belangloses, etwas Dramatisches – ganz egal. Sobald etwas die Schwelle Ihrer Aufmerksamkeit überspringt – ob lustig oder traurig –, kann daraus etwas werden. Solche assoziativen Ideenbücher sind keine Tagebücher, keine Bilanzen, keine Excel-Tabellen, sie sind Bruchstücke, die darauf warten, weiterentwickelt zu werden. Sie können ein Schul- oder Notizheft benutzen und handschriftlich festhalten, was Ihnen einfällt: ein Wort, ein Satz, ein Gedanke oder eine kleine Zeichnung. Es muss nicht exakt, wie in einer Excel-Tabelle, alles erfasst werden, es kann mal schräg, mal umkreist, mal in Großbuchstaben notiert sein – egal. Je variantenreicher, umso besser, weil Handschriftliches und grafisch Gestaltetes besser im Gedächtnis gespeichert werden. Natürlich finden sich dafür auch Apps wie zum Beispiel Pages, OneNote oder Evernote. Ein Tipp: Es sollten nur keine losen Zettel sein, denn dann ist die chronologische Nachverfolgung perdu. Sie werden staunen, wenn Sie nach einem Jahr lesen, was Sie sich alles notiert haben. Wie ein Kaleidoskop werden sich die Prismen-Farbspiele Ihrer Bewusstseinssplitter immer wieder verändern. Versprochen: Es ist überraschend, macht Freude und erstaunt einen immer wieder.

Schreiben Sie auch Ideen auf, die Sie momentan gar nicht gut finden. Schlechte Ideen gibt es nicht! Notieren Sie ruhig, warum die Idee jetzt Ihrer Meinung nicht gut ist. Das zwingt Sie zu argumentieren. Dabei entstehen wieder neue Ideen. Und wer weiß, vielleicht ist ab und an dann ein Heureka-Moment in der Zukunft dabei.

Ein Jahresprogramm für interdisziplinäre Bildung

Nach einer gewissen Zeit mögen Ihnen die Alltagsübungen nicht mehr genügen. Vielleicht überlegen Sie sich einen langfristigeren Plan. Es macht nach dem Stand der Gehirnforschung Sinn, seinen Horizont zu erweitern, um Impulse zu setzen, um den so geliebten und bequemen Gewohnheiten zu entkommen: Wie wäre es mit einem Jahresprogramm? Im Übrigen: Das kann man auch mit Kindern hervorragend etablieren, damit auch deren Neugierde immer wieder geweckt wird.

Wie wäre es mit einem Theater- oder Kinojahr? Einmal im Monat geht die Familie ins Theater oder ins Kino. Im folgenden Jahr könnte es das asiatische Genussjahr sein: Jeden Monat wird einmal entsprechend eingekauft, gekocht, dekoriert, die entsprechende Musik zum Essen gehört. Vielleicht liest einer aus der Familie eine Kurzgeschichte aus Vietnam, Thailand oder China vor oder stellt eine bestimmte künstlerische Technik aus diesem Erdteil vor? Porzellanmalerei, Webtechnik oder Kalligraphie, die Kunst des schönen Schreibens.

Wortsuchspiel

Das lustige Online-Wortblitzspiel ist kostenlos und eine echte Auffrischung in Konzentration, Bilderkennung und Gedächtnisaktivierung: https://spiele.spiegel.de/wortblitz/

Aber auch ein Wander-Jahr, ebenso wie ein Museums-, Selbermachen-, Stadterkundungs-, Musikinstrumente- oder ein Sprachen-Jahr versprechen neue Perspektiven. Im Sport-Jahr könnte man zwölf Mal eine andere Sportart anschauen, entweder im Fernsehen oder einem Verein beim Training zuschauen: Taekwondo, Golf, Einradhockey, Rugby, Tischtennis, Tamburello, Dart, Unterwasserball, Crossminton, Volleyball, Fußball, Tennis … usw.

Egal was man an Aktivitäten plant, jeder lernt etwas, man versetzt sich für wenige Stunden in eine andere Welt und macht neue Erfahrungen. Die Möglichkeiten sind schier unbegrenzt.

MICH INSPIRIEREN MENSCHEN MIT SINN FÜR LEBENS- UND GENUSSKULTUR

Jan Hartwig, Sternekoch in seinem Münchner Restaurant JAN und einem Private Dining Room, eröffnet 2022. Nur kurze Zeit später, im April 2023, wurde er mit drei Michelin-Sternen ausgezeichnet; https://jan-hartwig.com

Die Frage, wie ich auf Ideen zu neuen Gerichten komme, stellen mir viele Gäste. Aber: Das ist ein komplexer Prozess, den ich nicht herbeizaubern kann. Jetzt habe ich anderthalb Stunden Zeit, dann soll ein neues Menü her, das funktioniert bei mir definitiv nicht. Am einfachsten ist es, wenn meine Gedanken kreisen können, wenn ich also Zeit habe oder gezwungen bin, eine Pause einzulegen: im Taxi, im Flugzeug, im Urlaub …

Wenn ich überlege, womit ich welche Zutat kombinieren möchte, dann hilft es auch über Münchens Viktualienmarkt zu schlendern und mich treiben lassen. An jedem Stand findet man Inspirationen: Obst, Gemüse, Pilze, Käse, Kräuter, eigene Produkte von Erzeugern – exotisch und auch urbayerisch. Dann entstehen meist unzählige

Kombinationen. Ein Marktbesuch ist optisch und olfaktorisch immer eine Inspiration.

Ich schreibe alle Ideen und Gedanken auf. Da ich ein analoger Mensch bin und mir schon früher Vokabeln besser merken konnte, wenn ich sie aufgeschrieben habe, stehen bei mir im Dachgeschoss Hunderte Notizbücher, manchmal Collegeblöcke, manchmal Oktavhefte. Ich kann mich, wenn ich etwas handschriftlich notiert habe, einfach besser einfühlen. Das können Stichworte oder Skizzen sein, einfach alles, was mich beschäftigt. Am Computer geht das nicht. Digital führen wir natürlich sehr genau Buch über jedes Rezept, jeden einzelnen Schritt. Das erste Fundament für einen neuen Gang sind aber immer meine Notizen.

Besonders interessant ist es, in diesen Aufzeichnungen zu blättern. Ich war zum Beispiel zwischen 2007 und 2014 bei Sven Elverfeld im Aqua in Wolfsburg. Zehn Jahre später herauszukramen, was mich damals beschäftigt hat – spannend. Ich würde nie auch nur ein einziges Notizheft entsorgen, denn ich genieße es nachts, wenn ich aus meinem Restaurant komme, aufgekratzt bin und nicht sofort schlafen gehen kann – das kann kaum ein Koch! –, in meiner Bibliothek mit vielen hundert Büchern zu schmökern und eben in alten Notizbüchern. Dann bin ich bei mir selbst.

Eine weitere Inspirationsquelle sind für mich Menschen, die einen Sinn für Lebens- und Genusskultur haben: Fotografen, Hoteliers, Mitarbeiter, Kollegen, Gäste …, Menschen, die Freude am Leben haben. Bei mir tauchen immer mehr Ideen auf, wenn ich fröhlich bin, und da ist es egal, ob ich Sport treibe, spazieren gehe oder in der Küche bin. Alles macht man besser, wenn man gut drauf ist.

Der zweite Faktor ist allerdings Disziplin. Ohne geht's nicht. Wir machen in unserem Segment der Sterneküche absoluten Spitzensport. Und dazu gehört Freude, Disziplin und – ganz wichtig – Respekt. Jeder soll in meinem Restaurant JAN als Mitarbeiter gerne zur Arbeit kommen, deshalb ist mir unsere Respektkultur extrem wichtig. Jeder wird per Handschlag begrüßt, auch die Spüler, und jeder erhält exakt das gleiche Trinkgeld. Ganz gleich, welche Position er oder sie hat.

Ich bin meinen Mitarbeitern sehr dankbar, dass sie meine fruchtbaren kreativen Augenblicke zulassen und mir den Rücken freihalten. Man muss sich das so vorstellen: Ich als superungeduldiger Mensch meine, dass ich sofort Steinpilze benötige, um eine Idee weiter zu verfolgen. Dann fährt ein Mitarbeiter los und holt sie, zum Beispiel auf dem Viktualienmarkt. Nach 30 Minuten hat sich die Idee anders entwickelt, und ich brauche die Steinpilze nicht mehr. Meine Leute räumen mir diese Zeit ein, dass ich die Tür hinter mir schließe und mich in diese kreative Welt zurückziehe.

Es ist sehr unterschiedlich, wie lange eine kreative Entwicklungsphase für ein Gericht dauert. Man kann sich das so vorstellen: Über die Komposition Mozzarella, Tomate und Basilikum muss man nicht lange nachdenken, weil der Grundakkord beliebt und erprobt ist, bei Taube mit Anchovis und Roter Bete ist das nicht so offensichtlich. Eine solche Entwicklung dauert länger. Ich erinnere mich an einen Käsegang, an dem ich gefühlt ewig herumgespielt habe, bis er perfekt war: Hartkäse aus dem Allgäu, schwarze Limette, helles Bier und Blütenpollen. Aus einer Idee »Scholle mit Räucheraal und Zitronenthymiansauce« entstand nach vielen Überlegungen eine »Scholle mit Nordseekrabben und geräucherter Muschelsauce«. Diese Wendungen muss man im Hirn zulassen und darf nicht an etwas festhalten.

Bei mir geht kein Gericht auf die Karte, das nicht genauso gut ist wie das, was ich herunternehme. Das ist meine eigene Messlatte.

Derzeit habe ich eine Vorliebe für Menü-Evergreens, sogenannte Signature-Gerichte. Sie sollten weiter auf der Karte bleiben, vielleicht muss man sie nur ein wenig weiterentwickeln. Wenn zum Beispiel ein Journalist aus Taiwan in einem Restaurant in Montreal ein Menü euphorisch bewertet hat, dann möchte ich das auch bestellen können, wenn ich in Montreal bin. Wenn ich zurückdenke an die Zeit im Restaurant Atelier im Bayerischen Hof, als ich das erste Mal drei Sterne bekam, weiß ich, dass mein damaliger Klassiker auch heute Gäste begeistert: Schweinebauch à la chinoise begleitet von einer geräucherten Hollandaise aus Heumilchbutter mit Eiskraut, Sesam, Winterrettich und Umami-Bouillon. Jetzt verändere ich die Komposition. Ich nehme mich alter Gerichte an und überdenke sie, mache die eine oder andere Sache anders und entwickele sie weiter. Das ist, neben ganz neuen Kompositionen, auch sehr spannend und macht mir große Freude. Ich bin immer begeistert, wenn es weitergeht und nichts stillsteht. Das ist mein Motor für meine Kreativität.

KAPITEL 6

LERNEN: Kreativitätstechniken, die Ihnen helfen

»Kreativität ist einfach die Verbindung von Dingen. Wenn man kreative Menschen fragt, wie sie etwas gemacht haben, fühlen sie sich ein wenig schuldig, weil sie es nicht wirklich gemacht, sondern nur etwas gesehen haben. Es schien ihnen nach einer Weile ganz offensichtlich zu sein.«

Steve Jobs, Mitbegründer und langjähriger CEO von Apple (1955–2011)

In diesem Kapitel werden wir Ihnen verschiedene Techniken vorstellen, die im Rahmen der erfolgreichen Lösung einer Kreativaufgabe sinnvoll sein können. Aus den Zighunderten Methoden haben wir diejenigen ausgewählt, die in unseren Augen gut funktionieren und leicht zu lernen sind – ohne großen technischen Aufwand.

Für welche der kreativen Methoden Sie sich entscheiden, hängt von verschiedenen Faktoren ab: Wollen Sie erst mal viele neue Ideen generieren oder gleich am Anfang nur einige, dafür aber konkrete Lösungsansätze? Geht es darum, überhaupt zunächst Ideen zu sammeln oder eine spezielle bereits bestehende Idee weiterzuentwickeln und zuzuspitzen? Besteht eine klar definierte Fragestellung oder eher eine allgemeine Richtung? Wie können wir den Absatz unseres Toilettenschüsselmodells XY ankurbeln? Welches Geschenk würde Onkel Peter zum siebzigsten Geburtstag überraschen? Oder: Ich möchte in diesem Jahr Weihnachtskarten versenden, die irgendwie auffallen! Wie könnte ein Stuhl aus unserer Schreinerei aussehen, der mal ganz anders gebaut ist als üblich?

Welche Erfahrung haben Sie oder Ihre Mitarbeiter in der Vergangenheit bereits mit Kreativtechniken gesammelt?

Auch die Frage, ob man die Technik, um das Gehirn in eine Art »Kreativmodus« zu bringen, allein durchführen möchte oder lieber in einer Gruppe, ist entscheidend. Wer moderiert die Gruppenaktivität, wie groß soll die Gruppe sein und wie sollte sie optimal zusammengesetzt sein?

Der Werbefachmann Alex F. Osborn forcierte 1939 den Gebrauch des »Brainstormings« als eine wichtige Kreativ-Methode: In einer Gruppe sinnieren freundlich gesinnte Menschen über neuen Ideen. Allerdings ist der Erfolg kein Selbstläufer und hängt von einigen wichtigen Randbedingungen ab. Brainstorming ist eine erstaunlich schlecht erforschte Methode, um auf neue Ideen zu kommen. Am besten, so belegen viele Studien, lässt man erst mal Menschen aus verschiedenen Bereichen für sich allein über ein Problem nachdenken. Erst wenn diese nicht weiterkommen, lohnt es sich, eine Gruppe zusammenzustellen. Wenn dann ein Brainstorming stattfindet, dann sollte es eine gemischte Gruppe aus miteinander gut bekannten und weniger bekannten Menschen sein. Und es muss ab einem bestimmten Zeitpunkt erlaubt sein, Kritik an Vorschlägen zu üben. Darüber hinaus zeigte es sich, dass Gruppen mit einem hohen Frauenanteil erfolgreicher waren als reine Männergruppen. Als man dies analysierte, erwiesen sich die Frauen nicht per se als klüger oder kreativer, sondern ganz schlicht als kommunikativer, und sie organisierten sich weniger hierarchisch, wenn man der Gruppendynamik ihren freien Lauf ließ. Als man nun überraschend erfolgreiche Männergruppen analysierte, stellte man fest, dass auch diese kommunikativer waren und keine Gruppenhierarchien entwickelt hatten. Damit ergibt sich auch eine Lösung, wenn ein genügend hoher Frauenanteil nicht zur Verfügung steht. Auch dies zeigt, dass für das Lösen von Problemen, vor allem, wenn dabei kreatives Potenzial involviert ist, die Kommunikation der alles entscheidende Faktor ist.

Geht es um kreatives Arbeiten mit mehreren, ist ausschlaggebend, ob es sich um eine Gruppe oder ein Team handelt. Ein Team kann als Organisationseinheit in einer Firma eine bestimmte Aufgabenstellung und ein gemeinsames Ziel verfolgen. Das heißt: Man kennt sich untereinander, kennt die Aufgaben, die Erwartungen und die Probleme. Das bedeutet aber auch, dass man Mechanismen entwickeln muss, um dem »group thinking« zu entkommen, also dem Drang von Menschen, die Perspektive einer Gruppe einzunehmen und die eigenen Ansichten der Gruppenansicht unterzuordnen. Auch bestehende Teams brauchen immer wieder Stimulation von außen, insofern ist hier von Anfang an die richtige Zusammensetzung entscheidend.

Einzel- oder Gruppenkreativität?

Kreativität bedarf der Interaktion mit der Umwelt, mit anderen Menschen, mit verschiedenen Medien und Meinungen – sonst kommt neben dem »Neuen« der Nützlichkeitsaspekt nicht ins Spiel. Aber es zeigt sich auch, dass besonders kreative Menschen gut zwischen Gruppenarbeit und der Interaktion mit der Umwelt einerseits und dem Arbeiten in Einsamkeit andererseits wechseln können. Genau das führt nämlich zu einem Wechsel in der Aktivierung der Gehirnnetze für Aufmerksamkeit und zum Simulations-Netzwerk des Gehirns, welches so wichtig ist, um neue Assoziationen zu knüpfen. Hierfür scheint immer auch wieder das Arbeiten in Isolation von anderen wichtig zu sein.

Steve Wozniak, der Mitbegründer von Apple, geht sogar so weit, in seinem Buch *iWoz* für Erfinder folgendes Motto auszugeben: »Arbeite allein.« Der bekannte Science-Fiction-Schriftsteller Issac Asimov (1920–1992) schrieb 1959 in dem Essay »How do people get new ideas?«: »Mein Gefühl ist, dass für den kreativen Prozess Isolation notwendig ist. Der Kreative arbeitet ständig. Sein Geist wirft die Gedanken immerzu hin und her, auch wenn er schläft oder gar nicht bewusst daran denkt. Die Anwesenheit von weiteren Personen würde nur stören. Erfinden ist peinlich. Auf jede gute Idee kommen Hundert, Tausend schlechte, die man nicht unbedingt anderen zeigen will.«

Was für Sie persönlich gewinnbringender ist, sollten oder müssen Sie für sich testen. Viele Menschen – das ist nur ein Erfahrungswert – spintisieren gerne erst mal allein rum und entwickeln eine kleine Liste möglicher Ideen. Dann lohnt sich oft das Diskutieren mit anderen. Systematisch Kreativtechniken anzuwenden, damit haben nicht viele Erfahrungen, zumindest im privaten Bereich. In vielen Firmen allerdings kommen mit Führungskräfte- und Mitarbeitercoachings die Techniken immer häufiger zum Einsatz. Wichtig an dieser Stelle ist festzuhalten: Probieren Sie aus, was bei welchen Fragen besser klappt: Es gibt wie bei vielem, was Kreativität angeht, zwar dogmatische Meinungen, aber meist liegt die Stärke in der Abwechselung und Vielfalt, mal allein, mal in der Gruppe und vor allem auch abhängig davon, was dem eigenen kreativen Denken guttut.

Assoziatives Denken verlangt nach Regeln

Ja, Regeln! Oft genug haben wir in diesem Buch die Regellosigkeit – bis hin zum Tagträumen – beschworen, damit das Denken freier wird, Assoziationen in jeglicher Richtung zustande kommen. Aber man kann doch die Randbedingungen des schöpferischen Denkens für sich persönlich so setzen, dass man die Chance erhöht, Neues und Nützliches zu (er)finden. Genau in diesem Sinne seien einige Aspekte genannt, die Kreativität – vor allem in der Gruppe – fördern:

- **Keine Kritik**
  Mit dem Punkt ist gemeint, dass in einer Gruppe zunächst einmal alle ihre Ideen vorstellen sollten, ehe durch Zwischenrufe oder Bemerkungen Ideen bewertet werden und schon gar nicht mit Äußerungen, die respektlos und herabwürdigend wirken oder diejenigen die sie geäußert haben, lächerlich machen. Wenn andere Teilnehmer zu frühzeitig kritische Bemerkungen einwerfen, sinkt der Enthusiasmus, spontan Worte oder Gedanken einzubringen – aus Angst, sie würden gleich als unsinnig abgetan. Vertrauen und Respekt sind wichtige Eckpfeiler für Kreativität. Damit ist nicht gemeint, dass in einem nachfolgenden Prozess Ideen nicht konstruktiv kritisiert werden dürfen. Ein konstruktiver Diskurs kann und muss sehr wohl die anfängliche Ideenvielfalt positiv kanalisieren.
- **Keine Hierarchie**
  Auch Hierarchien dürfen keine Rolle spielen, denn die Äußerung eines jeden Mitarbeiters kann hilfreich sein und den kreativen Prozess befördern. Wenn alle Gruppenteilnehmer dem Vorgesetzten nacheifern und seine Wortmeldung als das Nonplusultra ansehen, schränkt das die eigene Ideenentwicklung massiv ein. Jeder Teilnehmer ist aufgefordert, unabhängig

Assoziationen, Ideen und Wortmeldungen einzubringen. Das sogenannte HIPPO-Denken (Highest Paid Person's Opinion) ist kontraproduktiv.

- **Quantität geht vor Qualität**
  Es ist wesentlich leichter, aus einer Menge von Ideen die besten herauszukristallisieren als aus wenigen, egal wie gut sie sein mögen. Es kann sich später herausstellen, dass eine Wortmeldung die gesamte Ideenfindung zu einem späteren Zeitpunkt bereichert, deshalb sollte jede kleine Variante notiert werden. Jeder Gedanke kann wertvoll sein. Eine Kombination von unterschiedlichsten Ansätzen kann am Ende zur genialen Idee führen.
- **Killerphrasen meiden**
  Diese Killerphrasen verbannen Sie aus Ihrem Gehirn, denn sie ersticken jegliches kreative Potenzial im Keim:
  - Das hatten wir schon mal.
  - Das haben wir noch nie so gemacht.
  - Das ist zu teuer.
  - Das geht nicht.
  - Das ist Unsinn.
  - Daraus kann nichts werden.
  - Niemand will das.

Ein Beispiel soll Ihnen zeigen, dass Unabhängigkeit manchmal zu äußerst sinnhaften und erfolgreichen Projekten führen kann. Sie kennen sicher die Deutsche-Post-DHL-Packstationen, qietschgelb und rund um die Uhr per App für Empfang und Versand verfügbar. 12 500 sollen es 2024 mittlerweile sein – mit über einer Million Fächer. 2003 startete man im Konzern mit 24 Packstationen als Test. Da der Onlinehandel immer mehr boomte, Pakete aber immer schwieriger an die Empfänger auszuliefern waren (tagsüber waren damals die meisten Menschen im Büro und nicht im Homeoffice), sollte eine Innovation das Problem lösen. Es waren vier junge engagierte Mitarbeiter im Konzern, die sich der Aufgabe annahmen und keine Angst hatten, sich vor ihren Chefs innerhalb des Konzerns lächerlich zu machen. Immerhin: Packstationen hätten theoretisch die Mitarbeiter in den Postfilialen zum Teil überflüssig machen können, also war Kritik sicher vorprogrammiert. Die vier hatten wohl jedoch alle Freiheiten, erhielten von ganz oben Rückendeckung, und so wurden die gelben Packstationen zum Erfolg: 2006 wurden sie deutschlandweit aufgestellt.

Wenn Sie allein nach Ideen suchen

Manchmal stellt sich die Frage gar nicht, ob Sie allein oder in der Gruppe arbeiten, denn Sie wollen in zwei Tagen einen Vorschlag präsentieren oder Ihnen wurde von Ihren Kollegen oder Ihrer Familie eine Aufgabe übertragen. Oder: Sie haben sich schlicht selbst eine Aufgabe gegeben. Die Vorteile sind klar: Niemand stört Ihre kreativen Gedankengänge, Sie können frei draufloslegen. Der Nachteil ist: Niemand bereichert Ihre Gedanken mit seinen Assoziationen oder einem weiteren Gedankenblitz – und sei es nur ein einziges Wort.

Die Lösung ist: Sie müssen das Ping-Pong-Spiel in Ihrem eigenen Gehirn nachahmen und die Richtung des Denkens selbst für sich ändern. Es gibt Techniken, die diesen Prozess fördern.

Für alle Methoden gilt: Formulieren Sie zunächst Ihr Ziel oder Ihre Wunschvorstellung! Was wollen Sie erreichen? Wie realistisch ist Ihr Ziel? Welchen Nutzen hat es, um ein bestimmtes Ziel zu erreichen? Und: Ist es wirklich Ihr persönlicher Wunsch oder erledigen Sie eine Aufgabe, von der Sie nicht überzeugt sind? Authentizität und Autonomie sind wichtige Schlüssel zur Kreativität!

Für eine erste Orientierung bei der Lösungsfindung eignen sich die 3-Minuten-Übung, die TAF- und die Mindmapping-Methode. Nachfolgend könnten das Imaginäre Brainstorming, die Flip-Flop-Technik, die Walt-Disney-Stühle und die Osborn-Checkliste hilfreich sein.

Im Folgenden stellen wir Ihnen diese sieben Methoden, die Sie gut allein einsetzen können – aber nicht müssen –, genauer vor. Sie finden passende Workbook-Blätter sowie Lösungsbeispiele jeweils im Anhang.

Die 3-Minuten-Übung

Finden Sie in drei Minuten alternative umschreibende Worte für Ihr Stichwort. Das kann Ihr zentrales Thema sein, zu dem Sie eine Idee suchen, oder nur ein Teilaspekt. Nehmen wir an, es handelt sich um das Thema Nachhaltigkeit: Ihre Firma, Ihre Abteilung oder Ihr eigener Haushalt wollen sich nachhaltiger aufstellen.

Verwenden Sie ein leeres Blatt Papier oder auch ein leeres Dokument in Ihrem Textprogramm auf dem Computer. Stellen Sie den Timer auf drei Minuten – und dann geht's los. Wenn sich Ihr Gehirn erst »warmdenken« soll, verwenden Sie zunächst Übungsstichworte wie Entschleunigung, Lila oder Crowd. Dazu finden Sie auf Seite 215 (Nummer 6) Ideen, die uns jeweils in drei Minuten eingefallen sind. Sie werden sehen, dass diese spontanen Gedankensplitter durchaus eine Bandbreite aufweisen. Vielleicht finden Sie manche Begriffe gar nicht passend, gar unsinnig. Vielleicht sind Ihnen ganz andere Assoziationen eingefallen. Auch gut. Es kommt nur darauf an, dass Sie die drei Minuten voll ausschöpfen und so viele Worte wie möglich notieren. Es geht nicht um Vollständigkeit. Bei Google im Synonym-Wörterbuch nachzuschlagen, bringt übrigens wenig, weil es nicht Ihre persönlichen Assoziationen sind.

Probieren Sie die Methode mit unserem Übungsbeispiel »nachhaltig« selbst aus.

WAS BEI DIESER ÜBUNG IM GEHIRN GESCHIEHT

Der Stirnlappen ist sicher eines der Highlights der menschlichen Evolution, als Gehirnareal fast allein namensgebend für den Homo sapiens, denn er steuert Vernunft, Planung, Voraussicht und zielgerichtetes Denken. Der Nachteil: Er sucht, wenn es um Lösungen von Problemen geht, nach der stochastisch am wahrscheinlichsten Lösung, was uns ja gerade nach vielen Jahren zu Experten macht. Bei kreativen Prozessen, bei denen es um Neues, Andersartiges oder gar Regelbrechendes geht, tut sich der Stirnlappen schwer. Um das Assoziationspotenzial des Gehirns zu steigern, helfen die oben genannten kurzen Übungen, um über die gesuchten Assoziationen die Netzwerkeigenschaften des Gehirns in seiner Gesamtheit zu steigern, kurzum, auch nach »weniger wahrscheinlichen«, also weniger häufigen Assoziationen zu suchen, mehr Gehirnareale zu beteiligen und vor allem den Denkmodus zu ändern: Nicht die Suche nach einer Lösung steht dabei im Vordergrund, sondern das Finden vieler Assoziationen. Vor allem wird es im Belohnungssystem im Gehirn gefördert, wenn wir die Rückmeldung bekommen (oder uns selbst geben), in kurzer Zeit viele Lösungen gefunden zu haben. Der Vorteil: Das Gehirn sucht gerne nach Situationen, in denen es schon erfolgreich war, sprich: Wer beim »Assoziieren-Üben« erfolgreich war, dem fällt es in zukünftigen Situationen leichter, sich dem Neuen, Unbekannten, Andersartigen zu stellen und die Herausforderung des kreativen Denkens auch anzunehmen.

Die TAF-Methode

Die TAF-Methode eignet sich, wenn Sie ein Thema durchdringen und in fünf Minuten alle wichtigen Fragen, die zu stellen sind, kennen wollen.

Es ist die Methode für die schnelle Idee und den guten Einfall:

- **T**HEMA – Schlüsselbegriffe aufschreiben
- **A**SSOZIATIONEN – Gedanken, Erinnerungen rund um den Begriff notieren
- **F**RAGEN – Wo? Wie? Was? Warum? Wer? Wann?

Der Trick ist hier die ZEITNOT:

- Konzentrieren Sie sich.
- Lassen Sie Ihren Gedanken freien Lauf.
- Denken Sie nicht darüber nach, wie sinnvoll eine Notiz ist.
- Stellen Sie assoziative Fragen.
- Schreiben Sie nur Stichworte auf.

Die 5 Minuten sind ein Richtwert. Wenn die Gedanken nur so sprudeln, dürfen es auch 15 Minuten sein, nur eben nicht Stunden. Es soll wirklich nur eine erste Gedankensammlung erstellt werden.

Sie finden eine TAF-Tabelle als Vorlage, die Sie auf Ihr Thema bezogen nutzen können, im Anhang auf den Seiten 216 und 217 (Nummer 7 und 8), sowie eine TAF-Sammlung zu unserem Übungsbeispiel »Unser Haushalt soll nachhaltiger werden«.

WAS BEI DIESER ÜBUNG IM GEHIRN GESCHIEHT

Die begrenzte Zeit ist hier der entscheidende Faktor und führt ein spielerisches Element in die Übung ein. Da Gehirne »Gamification«-Elemente lieben, wird der Stress handhabbar. Wichtig ist auch, dass der Stressfaktor positiv für das Gehirn besetzt wird, sodass Zeitstress leichter in der realen Situation handzuhaben ist. Die Amygdala, die Stress und Angst vermittelt und die assoziative Kraft der Großhirnrinde einschränken kann, wird bei positiven Emotionen vom Stirnlappen in ihrer Aktivität heruntergefahren, und das Assoziieren fällt dem Gehirn deshalb leichter, und man ist kreativer.

Mindmapping

Mit dieser Technik können Sie das Thema visualisieren und Beziehungen zu verschiedenen Aspekten herstellen. Man kann Vorträge vorbereiten, Projekte planen und eine Ideensammlung erstellen. Sie sollten dafür etwa 30 Minuten Zeit einplanen und benötigen nur ein am besten DIN A3 großes Blatt Papier und wenn möglich verschieden farbige Stifte. Gänzlich innovative Ideen entstehen mit dem in den 1970er Jahren entwickelten Mindmapping eher selten, aber es strukturiert bereits vorhandene Gedanken und fasst die Ergebnisse, die mit anderen Methoden entstanden sind, übersichtlich zusammen. In der Mitte steht das zentrale Thema, mit Linien gezeichnete Seitenäste bezeichnen Untergruppen von Aspekten, an die dann wiederum Schlagworte oder auch Fragen angehängt werden können – oder weitere Verzweigungen. Man kann auch einen Mindmapping-Baum verwenden, wenn diese Aufteilung besser zum Thema passen sollte. Ebenso eignen sich kleine gezeichnete grafische Elemente oder mit einem positiven Plus »+« oder einem negativen Minus »–«

versehene Seitenäste. Die Groß- und Kleinschreibung von Begriffen erhöht die Übersichtlichkeit. So entsteht eine spinnennetzartige Struktur, die Gedankenketten sichtbar macht.

Auch hier gilt: Mindmapping benötigt Übung. Starten Sie also mit einfachen Themen wie der Planung eines Städtetrips oder einer anderen kleinen To-do-Liste. Wer gerne visuell lernt, dem fällt es wahrscheinlich zu Beginn etwas leichter.

Wer gewohnt ist, mit dem PC zu arbeiten, findet viele exzellente Angebote zum Erstellen digitaler Mindmaps. Das ist eine praktische Alternative mit dem Vorteil, dass man immer wieder Änderungen vornehmen kann. Vorsicht ist nur geboten, weil durch Änderungen auch das verloren geht, das man fünf Minuten zuvor noch als relevant erachtete und vielleicht in zehn Minuten wieder für wichtig halten könnte. Hier ist es ratsam, die älteren Versionen zu speichern, falls das Programm dies nicht automatisch leistet, bevor größere Änderungen vorgenommen werden.

Im Anhang auf Seite 220 (Nummer 9) finden Sie das Beispiel für die Planung einer Hochzeitsfeier. Für die Vollständigkeit übernehmen wir allerdings keine Verantwortung, denn auch hier gilt: Jedes Paar setzt Prioritäten anders, hat andere Wünsche, Möglichkeiten und Voraussetzungen.

WAS BEI DIESER ÜBUNG IM GEHIRN GESCHIEHT

Man nutzt auf dem Bildschirm oder auf dem Papier das, was das Gehirn auch macht: Themenblöcke assoziativ miteinander verbinden. Das bedeutet: Wir bilden Knotenpunkte des Wissens und nutzen sie für das Abspeichern und den Abruf von Wissenselementen und Handlungsabläufen. Diese Methode hilft vor allem dabei, die zentralen Aspekte in den Mittelpunkt zu stellen und um die einzelnen Mittelpunkte eines Netzwerkes assoziativ Themen anzuordnen. So kann das Gehirn leichter den Überblick behalten. Man kann dem Gehirn optische Ziele bieten (Was steht im Zentrum des zu lösenden Problems?) und zudem visualisieren, mit welchen Teilproblemen welche Themenfelder assoziierbar sind. Da das Gehirn sich schwertut mit mehr als fünf bis sieben Variablen (Begriffen) zu operieren, ist es hier sinnvoll, das Hauptproblem in Unterthemen zu teilen, sodass es leichter ist, mit den wenigen, aber zentralen Begriffen zu operieren, mit denen vor allem der Stirnlappen in seiner Rechenkapazität klarkommt.

Imaginäres Brainstorming

Bei dieser Technik erschaffen Sie sich eine Ersatzwelt. Das kann der Dschungel sein, die Tiefsee, der Mond, die einsame Tundra oder die Metropole Singapur. Entscheidend ist, dass Sie mit der gewählten Ersatzwelt viele Bilder verbinden und sie vor sich sehen, wenn Sie die Augen schließen: Stellen Sie sich den Dschungel vor. Dann haben Sie vielleicht hohe Bäume, Lianen, Affen, Faultiere, Indigene, Pfeil und Bogen, ein Camp, Regen … vor Augen. Was das bringen soll? Manchmal hilft es unseren Gedanken auf die Sprünge, wenn wir uns von unserem konkreten Lebensumfeld distanzieren, Abstand nehmen.

Nun übertragen Sie Ihre Fragestellung in diese grüne und fremde Welt und ändern die Akteure (etwa in eine Fußballmannschaft, einen Inuit oder einen Wall-Street-Manager, in jedem Fall aber so, dass sie nichts mit der Ersatzwelt und nichts mit Ihrer eigentlichen Thematik zu tun haben).

Ein Beispiel: Sie haben die Aufgabe, sich neue ungewöhnliche teambildende Maßnahmen für Mitarbeiter im IT-Bereich zu überlegen. In der IT-Support-Abteilung arbeiten etwa 30 Mitarbeiter, die zum Teil tageweise von zuhause arbeiten. Nach der Corona-Pandemie halten ihre Vorgesetzten es für sinnvoll, wieder mehr gemeinsam zu unternehmen. Das Team soll sich neu finden. Viele Ideen wurden bereits verworfen, und man will keinesfalls etwas durchführen, was alle schon kennen. Also muss eine neue Idee her.

Wir verlagern die Aufgabenstellung in den Dschungel mit einer Fußballmannschaft. Wie können zwei Fußballmannschaften im Dschungel spielen?

Die Vorlage für eine Übung, die Sie persönlich wählen, ist auf Seite 222 (Nummer 10). Tragen Sie in der linken Spalte von oben nach unten in jedes Kästchen ein, was die Ersatz-Akteure in der gewählten Ersatzwelt tun könnten, um das Problem zu lösen. Wenn Ihnen nichts mehr einfällt, gehen Sie zur rechten Seite über und übertragen die Ideen auf das reale Problem.

Unsere Ideen für unser Beispiel (Teambildende Maßnahmen für die IT-Abteilung/Fußballmannschaft im Dschungel) – es hat etwa 25 Minuten in Anspruch genommen – finden Sie im Anhang auf Seite 223 (Nummer 11).

Ein Ergebnis aus dieser Übung könnte sein: Das IT-Team bewirtschaftet in diesem Frühjahr einen Miet-Acker oder Miet-Garten, erntet das Gemüse und Obst im Sommer gemeinsam, kocht aus dem Gemüse gemeinsam ein leckeres Essen oder Marmelade ein. Da ITler viel sitzen, bei ihrer Arbeit eher selten in die Natur kommen und sich meist in wenig lichtdurchfluteten Räumen aufhalten, ist eine Aktivität mit Bewegung in der Natur eine willkommene Abwechselung. Es werden Trinkflaschen mit Naturmotiven und Arbeits-T-Shirts spendiert. Wie diese Idee aus dem Imaginären Brainstorming entstanden ist, sehen Sie in unserem Beispiel.

WAS BEI DIESER ÜBUNG IM GEHIRN GESCHIEHT

Für das Gehirn sind gedankliche Simulationen genauso real, wie eine konkrete Situation selbst, vor allem wenn wir Ziele imaginieren (so detailgetreu wie möglich), fällt es unseren Gehirnen nicht nur leichter, sich zum Denken, Umdenken, Andersdenken aufzuraffen, sondern durch die Simulation werden im Gehirn gleich mehrere Netzwerke aktiviert, die auch für kreative Prozesse wichtig sind: zum Beispiel das Default-Netzwerk, welches auch beim Tagträumen und freien Assoziieren eine Rolle spielt, ebenso wie das Sprachnetzwerk und das Netzwerk, um zwischen verschiedenen Ebenen der Aufmerksamkeit zu wechseln (Protokoll-Netzwerk) (siehe auch Seite 67). Darüber hinaus ist das Erschaffen einer Fantasiewelt bereits ein kreativer Prozess. Da das Gehirn verschiedene »Modi«, also prinzipiell unterschiedliche Arten, wie es die Welt wahrnimmt, wie es denkt und Handlungen vorbereitet (ähnlich wie beim Wechseln zwischen verschiedenen Schulfächern), einnehmen kann, ist hier der kreative Denkmodus schon durch die simulierte Welt vorgegeben. Das erleichtert das freie Denken, und da es einem in Fantasiewelten erlaubt ist, Regeln der »realen« Welt zu brechen, fällt es einem auch leichter, mit gewohnten und bekannten Abläufen zu brechen. Möglicherweise fördert dies, die üblichen Denkabläufe zu verlassen und den Assoziationsraum für kreativere Lösungen zu finden.

Flip-Flop

Das Prinzip ist schnell erklärt: Sie stellen sich eine Aufgabe, etwa: »Wie kann ich den Stress im Beruf besser bewältigen?«, und geben sich dafür etwa 20 Minuten Zeit. Sie teilen ein Blatt Papier längs in zwei Spalten in Tabellenform, oder Sie verwenden unsere Vorlage im Anhang auf Seite 224 (Nummer 12).

In die linke Spalte schreiben Sie alle Dinge, die Ihnen einfallen, damit Sie noch gestresster sind. Also ein Worst-Case-Szenario – zum Beispiel:

- Ich komme zu spät.
- Ich arbeite zu langsam.
- Ich weiß morgens gar nicht, wo ich anfangen soll.
- Unfreundliche Kollegen.
- Ich habe einen Fehler gemacht.

In die rechte Spalte tragen Sie nun jeweils ein, wie Sie das verhindern oder besser machen könnten. Das ist dann Flip-Flop, wobei die Technik eigentlich Flop-Flip heißen müsste, da man zuerst alles Negative und alles aufzählt, was die Sache noch verschlimmert, und dann erst zur Umkehr kommt. Man nennt die Methode deshalb auch Umkehr- oder Kopfstandmethode. Bei dem Thema Stressbewältigung könnte das zum Beispiel sein:

- Ich stehe nun zehn Minuten früher auf, damit die Gefahr des Zuspätkommens reduziert ist.
- Ich lege mir bereits am Ende des Arbeitstages genau zurecht, was ich am folgenden Tag schaffen will und muss. Wenn ich es dennoch auf Dauer nicht schaffe, spreche ich das Thema der Arbeitsbelastung beim nächsten Mitarbeitergespräch mit dem Vorgesetzten an.
- Um die angespannte Stimmung im Büro aufzulockern, bringe ich Montag einen Kuchen mit ins Büro. Oder ich spreche in der Kantine das Thema an, dass ich mir eine freundlichere Stimmung im Büro wünsche und ob wir nicht einen Fröhlichkeitstag einführen wollen. Einmal in der Woche bringt reihum

jeder etwas Nettes als Snack mit, und wir gönnen uns für fünf Minuten eine Gute-Laune-Pause. Vielleicht macht der Vorgesetzte auch mit?

- Um Fehler zu vermeiden, bitte ich einen Kollegen im Zweifelsfalle um kurze Prüfung. Oder: Ich bitte in der Personalabteilung um eine Fortbildung mit dem neuen PC-Abrechnungssystem. Oder: Ich schicke das Dokument nicht heute ins System, sondern schaue morgen früh nochmals alles sorgfältig durch und versende es erst dann.

Sie sehen, dass es immer mehrere Möglichkeiten gibt, dem Negativfall etwas Positives und Konstruktives entgegenzusetzen. Das Beispiel »Stressbewältigung« ist sehr persönlich, und deshalb ist es sicher sinnvoll, die Flip-Flop-Liste allein für sich auszufüllen.

Bei anderen Fragestellungen kann man die Technik auch gut in einer Gruppe anwenden. Allerdings braucht es dazu eine Art Protokollführer oder Moderatorin.

So entstehen in wenigen Minuten viele Ideen, die zur Lösung des Problems beitragen können. Einige werden dann herausfallen, weil sie zum Beispiel bereits umgesetzt wurden, andere, weil sie nicht umsetzbar sind. Aber wenn am Ende von vielleicht 30 Ideen nur sieben gute übrigbleiben, die man in Angriff nehmen kann, ist das eine gute Ausbeute.

Ein weiteres ausführliches Beispiel zur Ideenfindung mit Hilfe von Flip-Flop finden Sie im Anhang auf Seite 225 (Nummer 13): Stellen Sie sich vor, Sie müssten im Team Ideen entwickeln, wie man am Kiosk oder im Supermarkt mehr Menschen dazu bringt, eine bestimmte Koch-Zeitschrift zu kaufen.

WAS BEI DIESER ÜBUNG IM GEHIRN GESCHIEHT

Alles, was mit Emotionen aufgeladen ist, kann das Gehirn schneller und besser erinnern als neutrale Fakten. Negative Erlebnisse sind für das Überleben evolutiv extrem wichtig zu erinnern, um sie zukünftig zu meiden und das eigene Überleben zu sichern. Entsprechend stellen die Gedächtnisspeicher im Gehirn negative Informationen noch schneller bereit als solche mit positiven Emotionen (und diese wiederum schneller als emotionslose Fakten). Diesen Aspekt kann man als Ausgangspunkt im Team nutzen, da es schnell gehen wird, hier negative Themen assoziativ zu ergänzen. Man denkt allerdings, und auch das ist wichtig festzuhalten, freier und offener, wenn positive Gefühle erzeugt werden. Deshalb ist es wichtig, im weiteren Verlauf nicht nur Lösungsvorschläge für die negativen Aufgaben zu finden, sondern vor allem den Weg zu emotional positiv besetzten Themen zu öffnen. Gerade die Rechenkapazität des Stirnlappens erhöht sich, wenn nicht immer nur negative Emotionen abgewehrt werden müssen und Stress sowie Angst das Denken einschränken, sondern durch positive Emotionen das assoziative Denken geradezu beflügelt wird.

Walt-Disney-Stühle

Der US-amerikanische Trickfilmzeichner und Filmproduzent Walter Elias Disney (1901–1966) war unumstritten einer der kreativsten Geister des vergangenen Jahrhunderts. 1923 gründete er die Walt Disney Company, erschuf 1928 die Comicfigur Mickey Mouse, später Donald Duck und stieg zum bekanntesten und vielfach ausgezeichneten Filmproduzenten in Hollywood auf. 1955 eröffnete er in Kalifornien das erste Disneyland.

Walt Disney machte sich die Erkenntnis zunutze, dass man mit einem Rollentausch die Richtung des Denkens ändert, und soll folgenden Trick zur Ideenfindung benutzt haben: Er näherte sich einer Fragestellung, indem er unterschiedliche Rollen einnahm: der Träumer, der Realist, der Kritiker. Drei unterschiedliche Stühle sollen ihm dabei geholfen haben, beim Nachdenken die jeweilige Perspektive einzunehmen.

Im Prinzip benötigen Sie aber nur drei Blätter Papier, Stifte und drei Stühle, die Sie gegebenenfalls mit verschiedenen Symbolen versehen, damit Sie sich besser in die jeweilige Rolle einfinden. Oder aber Sie wechseln den Ort, wenn Sie über ein Problem oder eine Idee nachdenken. Das regt die Fantasie und Vorstellungskraft an, strukturiert und kanalisiert sie leichter.

Diese Kreativitätstechnik können Sie allein oder auch in der Gruppe praktizieren, zum Beispiel bei Workshops und Konferenzen. Sie ist vor allem dann sinnvoll, wenn bereits eine Grundidee besteht, aber noch keine konkreten Details.

Nehmen wir ein einfaches Beispiel: Ein Kindergeburtstag steht an, und es soll eine Mottoparty (z. B. Einhorn) werden. Oder, etwas komplizierter: Sie suchen Sponsoren für Ihren Verein.

Die Träumergruppe (oder Sie alleine) schreibt alles auf, was abseitig ist, abstrus scheint, unmöglich scheint und vor allem voller Witz steckt. Schranken im Denken existieren nicht.

Die Realistengruppe (oder Sie alleine) prüft, was sinnvoll scheint, wählt aus den teils verrückten Ideen die vernünftigen aus und entwickelt einen Plan, wie sie umzusetzen wäre.

Die Kritikergruppe (oder Sie allein) sammelt unerbittlich alle Argumente, die gegen die Idee sprechen. Ist sie im vorgegebenen Zeitrahmen umsetzbar? Ist sie sozial angemessen? Ist sie finanzierbar?

Der Wechsel der Rolle ist auch mehrmals möglich, sogar sinnvoll. Wechseln Sie vom Kritiker wieder zum Träumer! So können

Sie mehrere Grundideen schnell durchdenken und für sich entscheiden, welche Sie wie weiterverfolgen wollen.

WAS BEI DIESER ÜBUNG IM GEHIRN GESCHIEHT

In Rollenspielen die Positionen anderer einzunehmen, aktiviert den orbitofrontalen Cortex, der nicht nur unsere eigenen Gefühle und Gedanken protokolliert, sondern auch die Gedanken und Gefühle anderer Menschen abbilden kann (siehe auch Seite 121). Diese können real sein, in erzählten Geschichten erlebt oder imaginiert werden. Durch diesen Rollenwechsel fällt es dem Gehirn leichter, die Perspektive zu wechseln, da der orbitofrontale Cortex den Rahmen weiterer Gedankengänge durch die Annahme einer anderen Rolle, verändern kann. Wir haben so eher die Chance, »Out of the box« zu denken und neue Denkwege auszuprobieren. Wenn man so will, fällt es dem Gehirn leichter, nicht nur die viel genutzten großen Datenautobahnen des Gehirns zu gebrauchen, sondern initiiert über die angenommene Rolle/Figur, auch Nebenwege der neuronalen Verarbeitung zu nutzen, was wiederum die assoziative Macht des Gehirns und damit den Output steigert. Die gleichen Mechanismen greifen auch bei der Sechs-Denkhüte-Methode (siehe Seite 172).

Die Osborn-Checkliste

Mit dieser von Alex Osborn, dem Erfinder des Brainstormings, entwickelten Technik lassen sich viele Themen und ungewöhnliche Aspekte finden, allerdings bedarf es einer konkreten Aufgabe und Fragestellung. Besonders geeignet ist sie, wenn Sie als Einzelner oder im Team nach originellen Ideen für Projekte oder Produkte suchen.

Man sollte höchstens eine Stunde für diese Methode einplanen und benötigt idealerweise Karteikarten und eine Pinnwand.

Die zehn Fragen der Osborn-Checkliste fordern Sie dazu auf, ganz weit zu denken, sozusagen jede Wendung in der Fragestellung zu beleuchten:

1. Wie könnten Sie das Produkt oder die Idee noch ganz ANDERS VERWENDEN oder alternativ einsetzen?
2. Wie könnten Sie das Produkt oder die Idee ANPASSEN, zum Beispiel etwas Ähnliches kopieren oder nachahmen?
3. Könnte man Geruch, Farbe oder Form ÄNDERN oder eine neue Bedeutung finden?
4. Kann man das Thema oder das Produkt VERGRÖßERN, es schwerer stabiler machen oder etwas hinzufügen und übertreiben?
5. Können Sie es VERKLEINERN, aufteilen oder etwas weglassen?
6. Lassen sich Bestandteile ERSETZEN, vielleicht der Ort, das Material oder der Prozess?
7. Kann man den Ablauf, die Reihenfolge oder die Geschwindigkeit UMSTELLEN oder etwas vertauschen?
8. Lässt sich das ganze UMKEHREN, auf den Kopf stellen, von hinten aufzäumen oder die Funktion umdrehen?
9. Besteht die Möglichkeit, das Produkt, die Idee oder Teile davon mit etwas anderem zu KOMBINIEREN?
10. Gibt es vielleicht einen anderen Zustand, in den man das Produkt oder das Thema TRANSFORMIEREN kann, z. B. in eine außergewöhnliche Technik, ein anderes Medium, einen anderen Zustand oder eine neue Wahrnehmungsebene?

Das, was für Sie wahrscheinlich abstrakt klingt, wird mit einem Beispiel deutlicher. Es geht dabei um Ideen im Bereich Stadtmarketing: Die Gemeinde XY – sie kann an der Nord- oder Ostseeküste oder in den Bergen liegen – will vor allem zu Ostern viele Besucher anlocken und das Thema »Osterurlaub in XY« besetzen. Gedacht ist an eine Werbekampagne für den Urlaubsort, der besonders bekannt für seine beeindruckenden Osterfeste ist. Der örtliche Tourismusdirektor stellt sich vor, mit Beginn der Fastenzeit am Aschermittwoch bis zum Ostersamstag in mehr als 40 kleinen Beiträgen auf der Webseite der Gemeinde das Osterthema zu platzieren, natürlich immer mit dem Hinweis, was in XY alles geboten ist. 40 Ideen müssen her. Vom Eierfärben und -suchen, Osterlammbacken über das große Osterfeuer am Karsamstag oder Ostersonntag bis hin zum Festgottesdienst.

Wenn Sie zum Beispiel das Thema Ostern in XY nach der Osborn-Checkliste durchdeklinieren, entstehen allein mit Hilfe dieser Technik etwa 20 neue Ideen rund um Ostern in der Gemeinde XY. Im Anhang auf Seite 227 (Nummer 15) finden Sie unsere Vorschläge, die sicher nicht vollständig sind. Vielleicht finden Sie weitere ungewöhnliche Osterideen? Sie werden feststellen, dass manchmal nicht alle zehn Punkte der Checkliste klar zu erfüllen sind. Das macht nichts. Was nicht geht und wo einem nichts einfällt, das lässt man aus. Je nach Fragestellung macht nicht alles Sinn.

Nutzen Sie unsere Vorlage auf Seite 226 (Nummer 14) für Ihre erste Osborn-Übung und nehmen Sie die 10-Punkte-Osborn-Checkliste als Anhaltspunkt für Ihre Gedankenspiele. Manche Punkte erschließen sich schneller als andere, aber es lohnt sich, auch bei sperrig erscheinenden Punkten der Checkliste nicht zu früh aufzugeben.

WAS BEI DIESER ÜBUNG IM GEHIRN GESCHIEHT

Auch diese Übung steigert die Assoziationsfähigkeit des Gehirns, ganz ähnlich wie in den ersten Übungen. Immer wieder den Blickwinkel zu ändern, fördert neue Gedankengänge und bringt das Gehirn dazu, neue Assoziationen zu bilden und wenig genutzte neuronale Netzwerke intensiv zu aktivieren.

Wenn Sie in der Gruppe nach neuen Ideen suchen

Die beiden Übungen, die wir Ihnen jetzt vorstellen, eignen sich explizit für eine Gruppe und für Teams. Die Gruppengröße kann dabei variieren. Bei diesen Kreativtechniken geht es zunächst darum, eine gewisse Menge an Ideen zu erzeugen. Die Quantität steht im Vordergrund. Welche sich am Ende als qualitativ am besten erweist, ist zu Beginn meist nicht abzusehen. Die Bewertung und Prüfung von Ideen auf Umsetzbarkeit, Finanzierbarkeit und Erfolgsaussichten ist ein zweiter meist gänzlich anderer Prozess. Dann ist es notwendig, Kriterien anzulegen, die allerdings wohlgewählt sein wollen.

Die Atmosphäre beim kreativen Arbeiten in der Gruppe sollte immer wohlwollend, vertrauensvoll und freundlich sein, ebenso wie die Räumlichkeit. Es kann also Sinn ergeben, in einer Firma einen Raum mit einem Ambiente zu wählen, das von den üblichen Büroräumen abweicht. Oder man verlegt das Kreativ-Meeting gleich in eine andere Location, um die manchmal atmosphärischen Zwänge der Büroumgebung auszublenden. Das Setting ist ein nicht zu vernachlässigender Faktor.

Noch drei wichtige Punkte:

1. Vorab sollten allen Gruppenteilnehmern die Spielregeln bekannt sein.
2. Das Ergebnis sollte am Ende so formuliert werden, dass es einem Unbeteiligten in wenigen Minuten zu erklären ist. Experten nennen das den »Elevator Pitch«: Die Fahrt im Aufzug sollte genügen, die Idee darzulegen. Ihre kurze Darstellung der Idee darf ruhig enthusiastisch und in bildreicher Sprache vorgetragen sein, denn neue Ideen stoßen – leider – oft zunächst auf Abwehr. Kreativität muss sich eben oft gegen das Althergebrachte behaupten.
3. Formulieren Sie einen Umsetzplan. Nur wer konkret nach der kreativen Findungsphase auch die Realisierung plant, erntet den Gewinn aus dem Prozess. Viele gute Ideen bleiben im »Man-könnte-mal-Modus«, weil es an der konkreten Aufgabenverteilung für die Umsetzung hapert.

Sie finden auch hier die passenden Vorlagen sowie ein mögliches Beispiel im Anhang.

Die sechs Denkhüte

Haben Sie sechs Hüte in unterschiedlichen Farben in der Firma oder im Haus? Nein? Keine Sorge: Farbige Tücher oder farbige Karten tun es auch. Die Sechs-Denkhüte-Methode, 1986 entwickelt vom Kognitionsforscher Edward de Bono, etabliert und segmentiert das Denken. Planen Sie etwa eine Stunde für die Übung ein und organisieren einen Raum für sechs bis 15 Teilnehmer. Bilden Sie sechs Gruppen. Sie benötigen farbige Karteikarten – in den Farben Weiß, Grün, Blau, Rot, Gelb und Schwarz (oder Grau). Nun stellen Sie als Moderator im Workshop die Frage, auf die alle eine Antwort suchen. Die Gruppen oder auch Einzelpersonen teilen sich auf die sechs Hüte auf:

- Der weiße Hut: steht für neutrale Informationen, Daten, Zahlen Fakten.
- Der rote Hut: symbolisiert die Emotionen, die entstehen, wie Ängste, Freude, Zweifel und sammelt intuitive Ideen.
- Der gelbe Hut: sieht die Aufgabenstellung unter dem Aspekt Optimismus und den positiven Argumenten.
- Der grüne Hut: steht für Originalität, also den kreativen durchaus auch verrückten unrealistischen Aspekten.
- Der schwarze Hut: beleuchtet ausschließlich die kritische Sichtweise, sucht nach Gegenargumenten, hinterfragt alles und bleibt immer der Skeptiker.
- Der blaue Hut: fühlt sich der Objektivität und Kontrolle verpflichtet, schaut aus der Vogelperspektive auf das Thema, sorgt für Ordnung und Disziplin und behält den Überblick. Der blaue Hut kann Fragen stellen und Argumente zusammenfassen.

Jeder nimmt also eine bestimmte festgelegte Rolle ein. Die Ideen werden auf der passenden farbigen Karte notiert – kurz mit nur wenigen Stichworten. Alle Karten werden dann auf eine Pinnwand geheftet, sodass die Teilnehmer die unterschiedlichen Sichtweisen auf das Problem oder die Thematik sehen können. In welcher Reihenfolge dann die »sechs Denkhüte« diskutiert werden, hängt vom Thema ab. Der Moderator übernimmt hier zusammen mit dem blauen Hut die Ordnung und Bewertung.

Hier ein Beispiel: Ein Schüler soll zum 75-jährigen Jubiläum seiner Schule ein Referat über die Bildungsinstitution halten. Was kann er alles beleuchten?

- Der weiße Hut: Wie viele Schüler, wie viele Zimmer, wie viel Quadratmeter, wie viele Schüler wurden seit Bestehen unterrichtet, wie viele Lehrer haben hier bereits unterrichtet? Wie viele Verweise wurden in 75 Jahren erteilt? Welches war die beste Note, die je vergeben wurde?

- Der rote Hut: Freude, Verzweiflung, Lustlosigkeit, Streit, Konkurrenz der Schüler untereinander, Mobbing, Schulhof, der erste Kuss, Kinderlachen in den Pausen.
- Der gelbe Hut: die prominentesten Absolventen der Schule, die tolle Boulder-Kletterwand, der beste Kunstlehrer (der sogar vom Kultusministerium ausgezeichnet wurde), lichtdurchflutete Klassenzimmer, leckeres Essen in der Schulkantine, die herrliche Blühwiese im Frühjahr, das Projekt »Schüler helfen Schülern«.
- Der grüne Hut: der größte Fauxpas, der einem Lehrer je passiert ist (Liste mit Versprechern von Lehrern). Was war der lustigste Streich? Die Schultheatergruppe bekam kollektiv Durchfall eine Stunde vor der Premieren-Aufführung, da mussten die Lehrer einspringen – das Video bekam Tausende Klicks auf YouTube. Im Werkunterricht wurden neue Bänke für den Schulhof selbst gebaut: Der Physikkurs begeisterte mit einer Sitzgelegenheit in Form der Formel E gleich mc^2, der Kunstkurs bemalte das Möbel im surrealistischen Stil der mexikanischen Malerin Frida Kahlo, die Französischklasse schnitzte ein »Je t'aime« in die Rückwand.
- Der schwarze Hut: Es gibt eine geheime Raucherecke für Lehrer, viele Treppen – keine Aufzüge, kaputte Toiletten, dreckige Fenster, hohes Durchschnittsalter des Lehrkörpers, drei Mathelehrer hatten Burnout, die hohen Heizkosten im Winter, der Bienenstock auf dem Dach wurde von einem Pilz befallen – zwei Jahre gab es keinen Schul-Honig, hohes Schulgeld, am Elternabend musste die Polizei anrücken, weil zwei Väter sich geprügelt haben.
- Der blaue Hut: Was könnte man verbessern? Was können Schüler selbst tun, um die Atmosphäre zu verbessern?

Die 635-Methode

Die seltsame Zahl 635 ist schnell erklärt: Jeder der 6 Teilnehmenden findet in 5 Minuten jeweils 3 Ideen, macht 18 Ideen. In 30 Minuten sind das 108 Ideen. Und das funktioniert so: 6 Leute sitzen um einen Tisch, einigermaßen weit voneinander entfernt. Jeder erhält die 635-Papiervorlage – ein Formblatt, das aus drei Spalten besteht mit jeweils 6 Feldern (im Anhang auf Seite 230, Nummer 16). Alle starten mit den oberen drei Feldern von links nach rechts und tragen zu einem Thema ihre Ideen ein. Man hat 5 Minuten Zeit. Dann wird das Blatt jeweils nach rechts weitergereicht. Jeder erhält also ein Formblatt, auf dem in der obersten Reihe bereits 3 Ideen stehen. Die kann man sich durchlesen und dann innerhalb von 5 Minuten in der zweiten Reihe 3 neue Ideen hinzuschreiben, natürlich nicht die, die man bereits in der ersten Runde notiert hatte. Das geht dann so weiter, bis jeder Teilnehmende wieder sein erstes Blatt erhält. Auf 6 Vorlagen stehen nach 30 Minuten im besten Fall 108 Ideen.

Wozu soll das gut sein? Die Methode erzeugt schnell eine ganze Menge Ideen oder Lösungsansätze. Da das Ganze unter Zeitdruck geschieht, muss man schnell etwas hinschreiben. Nun könnte man vermuten, dass zum Schluss nur unsinnige Ideen in den Kästchen stehen, aber das sind dann meist die richtig guten Ideen – gut im Sinne von ungewöhnlich. Meist sind nämlich in der dritten Runde alle offensichtlichen Antworten bereits notiert. Manchen fällt es schwer, dann über den Tellerrand zu schauen und etwas zu finden, das noch nicht vermerkt ist, aber genau an dem Punkt wird es spannend.

Sie benötigen also 6 Personen (es gehen auch 4 oder 5, aber weniger sollten es nicht sein!), die mitmachen, und es muss bereits eine konkrete Fragestellung vorhanden sein. Es ist sinnvoll, einen Moderator einzusetzen, der die Uhr im Blick hat und die Weitergabe der 635-Formblätter ansagt. Am Ende sammelt der Moderator oder die Moderatorin alle sechs Blätter ein und heftet sie an eine

Pinnwand. Doppelungen sind nicht auszuschließen, das schadet aber nicht. Sie werden eliminiert. Es bleiben meist dennoch etwa 60 passable Ansätze übrig, die man dann ausführen und diskutieren muss und später mit anderen Techniken spezifizieren sollte.

Die 1968 vom Marketingexperten Bernd Rohrbach eingeführte Methode eignet sich für allgemeine Familienthemen (z. B. Ideen für den Urlaub), ganz persönliche Fragen (z. B.: Wie kann ich sparen? Oder wie kann ich die nächste Karrierestufe erreichen?), für Schule und Universität (z. B.: Warum sollte man Gedichte von Goethe lesen?) oder im Beruf (z. B.: Wie können wir den Umsatz steigern? Oder wie können wir die Zufriedenheit unserer Kunden verbessern?).

Die Methode 635 lässt sich fast überall einsetzen, und das zeigt schon den Nachteil: Sie eignet sich nicht für sehr komplexe Themen, für die etwa Fachwissen benötigt wird.

Wir haben im Anhang auf Seite 231 (Nummer 17) ein einfaches Beispiel ausgeführt, allerdings nur ein einzelnes Formblatt ausgefüllt. Sie können das Experiment gerne zuhause weiter fortführen. Unser Thema: Wir haben in diesem Jahr keine Lust auf den ganzen Vorweihnachts- und Weihnachtsstress. Wie können wir die Feiertage stressfrei begehen?

WAS BEI DIESER ÜBUNG IM GEHIRN GESCHIEHT

Diese Übung ist neurowissenschaftlich etwas gegen den Strich gebürstet, denn Angst und Stress schränken laut übereinstimmender Forschungsergebnisse die assoziative Kraft des Gehirns normalerweise ein. Auf der anderen Seite stellt die Stressachse des Gehirns dem Körper und damit auch dem Gehirn mehr Energie zu Verfügung, was dem Denken hilft, da Nachdenken und Lernen Energie kosten. Allerdings ist eine wichtige Randbedingung hierbei, dass Stress nicht in Angst umschlägt und man sich zutraut, in Stresssituationen ein Problem lösen zu können. Vor allem ist wichtig, dass man sich nicht einer Situation ausgeliefert fühlt, sondern sich noch als Handelnder erlebt, der nicht nur reagiert, sondern auch agiert. Weiterhin ist wichtig, dass man sich als Bestandteil einer Gruppe fühlt und sich nicht persönlich bloßgestellt fühlt, wenn man eine Aufgabe nicht in der vorgegebenen Zeit bewältigt. Stress ist also nicht gleich Stress: Ist er akut und nicht chronisch, sowie mit den Gefühl der Resilienz gepaart, kann er sogar beflügeln.

Wird Stress also positiv als Herausforderung aufgefasst, kann er die Verarbeitungsprozesse im Gehirn steigern, die Rechengeschwindigkeit nimmt zu, ebenso wie die Gesamtaktivierung – dem Gehirn steht so einfach mehr Energie zur Verfügung. Das erleichtert es, möglichst viel von dem, was einem zu einem bestimmten Themenkomplex einfallen könnte, auch wirklich zu erinnern und den Zugang auch zu selten genutzten und damit schwer erreichbaren Wissensinseln zu finden. Der deutsche Komiker Karl Valentin sagte einmal: »Kunst ist schön, macht aber viel Arbeit.« Das gilt auch hier! Kreativität unter Zeitdruck ist eine Herausforderung, aber eine, die zu bewältigen man lernen kann.

WENN DIE AUFGABE SPASS MACHT, ARBEITET DAS GEHIRN GERNE

Thorsten Werner, Elektroingenieur und geschäftsführender Gesellschafter; Spezialist für Architektur und Planung der technischen Gebäudeausrüstung, vor allem für Krankenhäuser, Feuerwehrwachen, Kindertagesstätten, Verwaltungsgebäude; https://rauschenberg-ing.de/

Im Prinzip sind wir in unserem Ingenieursbüro immer mit gleichartigen Aufgaben in unterschiedlichen Gebäudegeometrien konfrontiert. Technik bleibt eine Konstante: zum Beispiel die Lüftungsanlage, wie Leitungen verlaufen oder sich die Beleuchtung dem Raum anpasst. Wir gestalten nichts – wir sind in dem Sinne keine Künstler –, wir sind Techniker und deshalb sind wir in einem anderen Sinne kreativ.

Kreativität findet in zwei Bereichen statt: beim Planen und bei der Umsetzung am Bau. Wir konstruieren heute Pläne in 3D, und das ist viel genauer als vor Jahrzehnten, aber ich finde es besser, zunächst auf dem Papier per Hand den Weg zu skizzieren, »kreativ« zu sein und sich dann erst an die Umsetzung zu machen. Es hilft, das große Ganze zu sehen. Bei uns bedeutet Kreativität meist: Wie kann ich effektiver sein, schneller bauen und Kosten sparen? Flexibles Denken ist hier gefordert und kein Vorgehen nach Schema F. Nach der Planung kommt der zweite Schritt: das Bauen. Und dann stellen Sie fest, dass die exakteste Planung der technischen Versorgung dennoch so nicht umsetzbar ist, weil am Bau etwas auftaucht, was in den Plänen nicht verzeichnet war. Zum Beispiel kann die Lüftung nicht so verbaut werden wie geplant, weil ein Betonträger nun anders verläuft. Dann muss der Lüftungsplaner mit dem Bauleiter eine neue Lösung suchen, und zwar schnell, und ohne dass die Baustelle stillsteht. Diese Flexibilität gilt genauso für den Elektrobereich, die Heizung oder das Abwasser – für alles.

Dieses schnelle Umdenken lernt man durchs Handwerk und durch Erfahrung, aber das ist nicht alles. Wenn ich im Urlaub durch ein Gebäude gehe – sagen wir ein großes Kaufhaus –, schaue ich zum Beispiel an die Decke und vergleiche die Führung der Lüftung mit dem, was ich kenne und sehe, welche Lösung man hier gefunden hat, und schaue mir das Beleuchtungskonzept an. Das ist Inspiration für mich und geschieht automatisch, also eher unterbewusst.

Ich bin überzeugt, dass zur Ausbildung und Erfahrung für kreative Lösungen vor allem das Verständnis für Zusammenhänge wichtig ist. Es gibt Techniker, die finden keine Lösung, weil sie nicht weit genug schauen. Das ist wie beim Schachspiel: Man braucht ein gutes Vorstellungsvermögen und muss weiterdenken, nicht die nächsten fünf Züge sind entscheidend, sondern der siebte, achte, neunte … und was passiert, wenn ich anders ziehe oder merke, dass der sechste Zug falsch und nicht zielführend wäre. Ähnlich kann man sich das auch bei der Planung und auf der Baustelle vorstellen. Schnell, weit vorausschauend denken.

Mir fallen beim Duschen oft die besten Lösungen ein, auch wenn ich aktuell gar nicht über das Problem nachdenke. Morgens unter der Dusche habe ich meine Ruhe, mein Gehirn ist ausgeruht, und plötzlich ist die Lösung da! Das funktioniert auch beim Skifahren, wenn ich in die Gegend schaue, ohne dass ich aktiv nachdenke. Das sind immer wieder schöne Erfahrungen.

Aber ich funktioniere auch unter Zeitdruck gut und empfinde ihn nicht wirklich als Stress. Ich bin eher hochkonzentriert. Stress ist nicht automatisch negativ für mich. Ich habe lange Wasserball in einer Mannschaft gespielt, und da kann man auch nicht während eines Spiels zehn Minuten in Ruhe darüber nachdenken, wie man eventuell die Taktik ändern sollte. Das muss schnell gehen, genauso wie ich mir überlege, wie ich die Frist am Bau einhalte, obwohl der Bauherr plötzlich einen Änderungswunsch hat und alles über den Haufen wirft, was wir geplant haben. Ich habe übrigens auch viele Jahre Schach gespielt, und ich bin überzeugt, dass dies das Denken gut trainiert.

Um kreativ zu sein, ist aber noch ein weiterer Faktor für mich ganz wichtig: Es muss Spaß machen. Dann arbeitet das Gehirn automatisch gerne, man beschäftigt sich weiter mit der Aufgabe, auch nach 18 Uhr, und sucht neue Lösungen. Hat man keinen Spaß, verdrängt das Gehirn die zu lösende Aufgabe allzu bereitwillig.

KAPITEL 7

DENKEN: Strategien für eine kreative Gesellschaft

»Wo kämen wir hin, wenn alle sagten, wo kämen wir hin, und niemand ginge, um zu schauen, wohin man käme, wenn man denn ginge.«

Kurt Marti, Pfarrer und Schriftsteller (1921–2017)

Kreativität ist ein zukunftsweisender Faktor für unser Miteinander und die Entwicklung gesellschaftlicher und wirtschaftlicher Systeme – gerade im Zuge von Globalisierung und der immensen Entwicklung neuer, wirkmächtiger KI-Anwendungen. Wer kreativ sein möchte, nach neuen Lösungen suchen will, der muss Routinen und Gewohnheiten der Wahrnehmung (Perspektivenwechsel), des Denkens (neue Assoziationen bilden) und des Handelns (etwas Neues ausprobieren) überwinden. Das gilt für den Einzelnen wie auch in der Gemeinschaft.

Das gilt in der Erziehung unserer Kinder, in Bildungssystemen wie Schule, Umschulung und Fortbildung, aber auch in kleineren Firmen wie Konzernen.

Offen sein für Andersartiges, Denkschemata durchbrechen, flexibel auf Herausforderungen reagieren, bedeutet auch: vorurteilsfreier zu handeln. In allen Gesellschaftsbereichen wie Politik, Recht, Religion, Wirtschaft, Kultur, Bildung, Arbeit und Freizeit ist die sachliche, objektive und realistische Betrachtung für ein Miteinander gewinnbringend. Und Veränderungen erleben wir in jedem der Bereiche täglich.

Wandel ist Zukunft, Zukunft ist Wandel

Seit einigen Jahren installieren zum Beispiel viele Firmen Teamleistungsgruppen, die gemeinsam allürenlos einen Arbeitsansatz verfolgen und dem merokratischen Prinzip der Verantwortungsbereiche folgen. Klassische Hierarchien und die Macht der Führungskräfte treten in den Hintergrund. Es werden Kollegen versetzt, gar gekündigt, und neue Teams sollen sich zusammenfinden. Die Führungsebene wird auf Change-Management geschult. Das Management stellt neue Anforderungen, die Ängste auslösen, aber neue Ideen als Währung propagieren. Zahlreiche Mitarbeiter sollen nach vielleicht 20 Jahren im Betrieb nun flink umdenken und mit Innovationen aufwarten. In stark hierarchisch strukturierten und zudem noch in klar abgegrenzte Abteilungen organisierten Konzernen und Firmen besteht oft eine ungünstige Tendenz bei der Lösung von Problemen: Unbewusst überlegen Mitarbeiter und Mitarbeiterinnen, was denn wohl dem Chef oder der Chefin oder der Leitung der nächsthöheren Führungsebene gefallen würde und wie man sich gegen andere Abteilungen behaupten kann. Gedankliche Kapazität wird darauf verwendet zu überlegen, ob Lösungen die eigene Abteilungsposition im Firmenverbund stärkt oder eher schwächt, statt sich einfach mit voller Gedankenfreiheit auf ein Problem und dessen mögliche Lösungen zu stürzen. Diese kreativen Bremsen wirken auf allen Hierarchiestufen, sie machen auch nicht vor der CEO-Ebene halt.

Hinzukommt, dass wir in Deutschland – im Vergleich zu angelsächsischen Ländern – keine ausgeprägte gute Fehlerkultur etabliert finden. Fehler machen zu dürfen, ist aber eine der Grundvoraussetzungen für Kreativität und neues Denken. Unsere Fehlerkultur muss also neu bewertet werden (dazu mehr ab Seite 192).

Aber wir beginnen besser im Kleinen mit dem Versuch einer Analyse, warum es so schwierig ist, Veränderungen zu akzeptieren oder herbeizuführen: im ganz persönlichen Bereich.

Warum tun wir uns mit Veränderungen so schwer?

Untersuchungen von den Neurowissenschaften über die Psychologie und Soziologie haben gezeigt, wie schwer es Menschen fällt, diese im Gehirn quasi in Beton gegossenen neuronalen Routineschaltkreise umzuprogrammieren. Forscher haben nun in verschiedenen Versuchsdesigns ausprobiert, wie man zunächst die persönlichen Ziele und Verhaltensweisen von Probanden durch konkrete Interventionen verändern kann: Am Anfang muss ja erst mal die Einsicht stehen, etwas Neues auszuprobieren und eingefahrene Wege zu ändern.

Das allein reicht aber nicht, denn das Ergebnis in der Zusammenschau all dieser Versuche war niederschmetternd: Den Wissenschaftlern war es zwar gelungen, die Absichten der Freiwilligen zu modifizieren, aber deren Verhalten blieb dennoch in alten Gewohnheiten verfangen. Immer wieder setzen sich die alten Denkroutinen durch! Die Notwendigkeit, andere Lösungswege zu suchen, war erkannt – aber sie hatte auf das Denken nur wenig Einfluss. Es scheint also wenig Sinn zu ergeben, allein bei seinen persönlichen Zielen anzusetzen, wenn man mit alten Gewohnheiten brechen will.

Wann sind Menschen bereit, Gewohnheiten zu ändern?

Das obige Experiment wurde dahingehend fortgeführt, dass den Probanden konkrete Handlungsalternativen angeboten wurden. Sie sollten nicht nur Einsicht in eine Verhaltensänderung bekommen, sondern auch neue Routinen und Gewohnheiten einüben, am besten solche, die im Alltag fest verankert waren – z. B. Bauchübungen nach dem Zähneputzen oder ein Spaziergang nach dem Mittagessen. Diese Studien zeigten nachdrücklich, dass Menschen Routinen dann am wahrscheinlichsten ändern, wenn sie die Änderungen nicht aufgezwungen bekamen, sondern sich diese zu eigen machten, denn hier – wie auch bei kreativen Prozessen – ist die Autonomie, die Teilhabe am Entscheidungsprozess, eine wichtige Voraussetzung. Darüber hinaus fiel es ihnen leichter, ihre Routinen innerhalb und mit einer sozialen Gruppe zu ändern. Und es half ihnen auch, wenn sie das zu erreichende Ziel so genau wie möglich simulierten, ja sich geradezu in allen Details ausmalten.

Wie dieses »sich etwas Ausmalen« oder Visualisieren funktioniert, soll ein Beispiel, das einigen bekannt vorkommen mag, illustrieren: Jemand möchte abnehmen und sein Gewicht reduzieren! Was bedeutet hier eine konkrete Simulation? Schauen wir hierzu in den Kopf dieser Person und simulieren deren Gedankengänge:

Was kann ich alles anziehen, wenn ich meine Ernährung umstelle und Kilos verliere? Wie leicht wird es für mich sein, Treppenstufen zu gehen, wenn ich weniger wiege? Wie schön wird es sein, nicht mehr angestarrt zu werden ob meiner Leibesfülle? Wie werde ich es zelebrieren, wenn ich die mir gesetzte Gewichtsabnahme erreicht habe? Was sage ich, wenn mich Bekannte verunsichert fragen, ob ich abgenommen habe? Was leiste ich mir ganz bewusst nach jedem Kilo, das herunter ist – eine Massage, einen Kinobesuch, einen Blumenstrauß, neue Joggingschuhe?

Wenn man es zudem schafft, dem Neuen einen vertrauten Anstrich zu geben, und neue Auslösereize verwendet, ist die Schwelle zum Erlernen einer neuen Routine (und dem schnelleren Vergessen einer schlechten Gewohnheit) niedriger: So sind die an der Tür zum Joggen bereitstehenden Turnschuhe, die man aktiv wegräumen muss, wenn man nicht laufen geht, wirkungsvoller als der am Silvesterabend gefasste Vorsatz, häufiger laufen, walken oder auch nur spazieren zu gehen.

Noch verblüffender ist, dass man seine Willenskraft, um eine Gewohnheit zu ändern, tatsächlich dadurch stärken kann, dass man seine Achtsamkeit trainiert oder meditiert. Dies gilt im Übrigen auch fernab von Änderungen einer konkreten Routine, denn sowohl Achtsamkeit als auch Meditationen stärken die Kontrolle des Stirnlappens als Exekutive des Gehirns und dienen damit der Stärkung unserer Willenskraft – und diese kann Stärkung gut gebrauchen, da sie im Laufe eines Tages wie ein Muskel ermüden kann, wie wir alle aus eigener Erfahrung wissen. Abends ist die Verführung zu kalorienreichen Snacks am größten und die Bereitschaft, doch noch laufen zu gehen, am geringsten.

Wie aber lässt sich Achtsamkeit (Mindfulness) trainieren? Eine gute Übung sei hier beschrieben: Versuchen Sie präsent, präzise und unvoreingenommen für fünf Minuten bei geschlossenen Augen die eigene Atmung zu beobachten, bevor Sie dann für weitere fünf Minuten nur beobachten – nun mit geöffneten Augen –, was Sie gerade umgibt, und zwar so neutral wie möglich, ohne das Wahrgenommene vorschnell zu bewerten. Und bei

Fast wie ein Jongleur

Man benötigt zwei Tennisbälle (oder Tischtennisbälle). Sie stellen sich auf eine ebene Fläche draußen auf der Terrasse, im Park oder in der Wohnung. In jeder Hand liegt ein Ball. Sie werfen sie hoch und fangen sie mit überkreuzten Armen. Der Ball, der mit der rechten Hand hochgeworfen wurde, wird mit links gefangen usw. Das will geübt sein!

allen abschweifenden Gedanken versuchen Sie immer wieder zur Übung zurückzukehren (siehe auch Seite 138).

VIER GEHEIMNISSE, WIE SIE GEWOHNHEITEN UND ROUTINEN SCHNELLER ÄNDERN

- Wir ändern unsere Gewohnheit nur, wenn wir selbst daran glauben, dass Änderung auch möglich ist (Autonomie in der Entscheidung ist hier wichtig).
- Es fällt uns leichter, Routinen (und auch Suchtverhalten) zu ändern, wenn wir dies in einer sozialen Gruppe gemeinsam mit anderen machen. Der Erfolg wird gesteigert, wenn man neue Kontexte sucht, das heißt, wenn wir neue Auslösereize verwenden. Wenn beispielsweise die Online-Schulung am PC in der Arbeit bisher erfolglos und/oder langweilig war, dann sollte man den Lernort wechseln oder statt zum PC zum Buch greifen.
- Es hilft auch, sich so genau wie möglich vorzustellen, was man erreichen will, und zwar mit allen Details. Probieren Sie eine Simulation der Zukunft im Kopf. Je genauer Sie sich diese Situation ausmalen, umso größer die Motivation, trotz der Widerstände im eigenen Kopf (und die wird es geben!) am Ziel festzuhalten.
- Trainieren Sie Ihre Achtsamkeit! Trainieren bedeutet immer wieder üben, denn Gewohnheit ist sicher die menschliche Denkweise, die der Veränderung den größten Widerstand im Gehirn entgegensetzt. Alte Gewohnheiten lassen sich am besten durch neue Routinen ersetzen.
- Zum Schluss: Die eigentliche Macht der Gewohnheit ist die Einsicht, dass unsere Gewohnheiten nur das sind, was wir aus ihnen machen und wie wir sie einsetzen.

Kreative Anregungen für Gesellschaft und Politik

Kreativität ist bereits heute eine wichtige berufliche Fähigkeit – und wird es in Zukunft noch viel mehr werden. Laut einer Studie des Software-Unternehmens Adobe geben 85 Prozent der Berufstätigen mit Hochschulabschluss an, dass kreatives Denken für die Lösung von Problemen in ihrem Beruf entscheidend ist. Und eine Analyse von LinkedIn-Daten ergab, dass Kreativität einer der am häufigsten nachgefragten beruflichen Kompetenzen ist und die Liste, der von Unternehmen am meisten benötigten Soft Skills anführt.

Da immer mehr Routinejobs durch Automatisierung ersetzt werden, werden diejenigen, die sich auf Soft Skills wie Kreativität, Flexibilität, Resilienz und Anpassungsfähigkeit verlassen, die besten Chancen haben. Was können unsere Gesellschaft und auch die Politik tun, damit künftige Generationen mit genau diesen Kompetenzen ausgerüstet ins Berufsleben starten?

Plädoyer für eine kreative Schulbildung

Vom standardisierten Test bis zum Einheitslehrplan lässt die Schulbildung oft wenig Raum für Kreativität: Bei Aufgaben gilt es, die konkret vorgegebene Lösung zu finden – kreative Prozesse dagegen werden nur gefördert, wenn die Aufgabenstellung offen ist. Geschieht dies nicht, kann es dazu beitragen, dass die Schüler schlecht auf die Herausforderungen in der Arbeitswelt vorbereitet sind. Wer auf dem globalen Markt bestehen will, muss die Randbedingungen verinnerlichen, die kreatives Denken fördern. Auswendiglernen gehört nicht dazu. Auf die Fähigkeit, neue Ideen generieren zu können, wird es in der folgenden Generation von Schülern und Schülerinnen ganz besonders ankommen, vor allem auch um sich von den Routinen einer Künstlichen Intelligenz abzugrenzen. Und genau das wird schwierig, wenn man nicht gelernt hat, selbst Fragen aufzuwerfen, gegen den Uhrzeigersinn zu denken und in völlig neuen Situationen auf neue Ideen zu kommen.

Welche Impulse ergeben sich aus diesen Überlegungen für den Unterricht? Die Lösung ist sicher nicht, Kreativität als Schulfach einzuführen! Kreativität besteht im Handeln, und zwar im Kontext von Fächern und Fragestellungen und nicht von 7:45 Uhr bis 9:15 Uhr und nach Lehrplan. Kreatives Denken muss gepaart werden mit Wissen auf bestimmten Gebieten, und es muss geübt werden – möglichst in allen Fächern.

Zunächst einmal sollten Schulen in einem stärkeren Maße, als das derzeit geschieht, die Vermittlung von Kreativität zu einer Priorität machen, auch im Hinblick auf die Ausbildung von Lehrern und Lehrerinnen. Sie sollten ermutigt werden, mehr offene und das kreative Denken fördernde Aufgaben in den Unterricht einzubringen. Was von Lehrkräften vorgelebt wird, werden Lernende leichter durch Nachahmung erwerben und akzeptieren. Auch deshalb, weil offene, die Kreativität anregende Fragestellungen Jugendliche eher zum Lernen motivieren. Sie haben die Freiheit, neue Dinge zu erforschen und voneinander zu lernen, und gehen dadurch stärker in ihrem Lernprozess auf und sind motivierter, sich die Fähigkeiten anzueignen, die sie dafür benötigen. Ihre Autonomie wird gestärkt, was es der Neugierde leichter macht, sich zu entfalten.

Hier ein Beispiel: Ein Mädchen, das mit Vorliebe TikTok-Videos erstellt, in denen sie ihre Turnkünste präsentiert, verbringt dadurch motiviert womöglich unzählige Stunden auf ihrer Matte bei dem Versuch, ihre Turnübungen zu perfektionieren. Schüler sind dann motiviert, etwas Neues zu lernen, wenn der Lerninhalt mit ihren persönlichen Interessen verknüpft ist. Sie haben so ein Gefühl von Autonomie und Kontrolle über ihre Aufgabe, und sie fühlen sich kompetent bei dem, was sie tun.

Auch für die Lehrkräfte kann es motivierender sein, wenn sie bei ihren Schülern mehr kognitive Fähigkeiten höherer Ordnung entfachen: Problemlösung, kritisches Denken, Verbindungen zwischen den Fächern herstellen, das macht Mentoren wie Lernenden Spaß. Und wenn Lehrkräfte Kreativität mit dem Einsatz innovativer Technologien kombinieren, erzielen sie vielleicht sogar noch bessere Ergebnisse. Kreative Aufgaben helfen Schülern zudem, neue Informationen mit ihrem Vorwissen zu verknüpfen. So kann selbst Schule spannend werden.

Kreativität regt auch die persönliche Entwicklung an, denn zum kreativen Prozess gehört die Bereitschaft, Neues zu probieren genauso wie daran zu scheitern, um aus den gemachten Fehlern zu lernen und einen neuen Ansatz zu überlegen. Ein solcher produktiver Kampf fördert die Widerstandsfähigkeit und lehrt die Schüler, dass und wie man zuweilen Schwierigkeiten überwinden muss, um Erfolg zu haben. Schüler brauchen die Möglichkeit, etwas Neues auszuprobieren und zwar zunächst unabhängig vom Endergebnis. Offene Aufgabenstellungen, die kreatives Denken fördern, geben die Freiheit, neue Dinge zu erforschen und voneinander zu lernen.

Wenn sie sich Herausforderungen stellen und ihre kreativen Ideen umsetzen, erkennen die Schüler oft, dass ihnen weniger Grenzen gesetzt sind, als sie gemeinhin annehmen. Das fördert nebenbei das Selbstvertrauen und das Selbstwertgefühl sowie die emotionale Reifung hin zu einem dynamischen Selbstbild, für das Fehler keine Niederlagen, sondern Herausforderungen sind.

Ganz nebenbei bemerkt: Viele Pädagogen

Mein Stammbaum

Wie könnte man Ihren Familienstammbaum anders zeichnen als in einem zeitlichen Diagramm oder einer baumförmigen Darstellung? Es bestehen viele Möglichkeiten … Was fällt Ihnen ein? Vielleicht bringen Sie kleine Stammbaumtafeln mit den Namen Ihrer Vorfahren – gemäß des Verwandtschaftsgrads – wirklich an Ihrem Apfelbaum im Garten an?

kennen mindestens einen Schüler, der sich mit dem Lernen schwertat, bis der Lehrer ihm ein kreatives Projekt zuwies. Wenn man Schülern, die sich nicht für das Lernen interessieren, erlaubt, ihrer Kreativität freien Lauf zu lassen oder ein Thema von persönlichem Interesse zu erforschen, kann dies zu Veränderungen in der Einstellung zum Lernen und in der Leistungsfähigkeit führen. Vor allem vor dem Hintergrund, dass manche Schüler bei Tests nicht gut abschneiden oder generell schlechte Noten haben, aber sehr kreativ sind. Man muss nur die Kreativität in ihnen wecken.

Welche kreativen Impulse können Eltern geben?

Viele der in diesem und in den vorangegangenen Kapiteln angesprochenen Hinweise gelten auch im privaten Bereich der Erziehung. Nein, man kann Kreativität nicht unterrichten und auch nicht dazu »erziehen«. Aber jeder vermag im Umgang mit Kindern und Jugendlichen Rahmenbedingungen zu schaffen, die Kreativität fördern und vor allem die Anlagen und Voraussetzungen dafür vorleben: Offenheit Neuem gegenüber und genaues Beobachten sind wichtige Voraussetzungen für kreatives Schaffen. Wie reagiert man als Eltern oder Erziehungsberechtigte selbst auf Neues, wie auf eine fremde Person in der Nachbarschaft, wie auf eine App mit neuen Funktionen, bricht man selbst mit der Familie öfters aus routinierten Mustern des Alltages aus, gibt man Fehler zu und ist bereit, beim Erlernen von Neuem welche zu machen? Nimmt man sich zum Beispiel vor, mit der Familie im kommenden Jahr »12 Dinge« zu unternehmen, die man vorher noch nie gemacht hat? Wichtig ist es auch, Kindern die Chance zu geben, eigene Erfahrungen zu machen und so selbstständig und autonom wie möglich zu sein. Wer frische ungewöhnliche Ideen zu Ende denken will, braucht dazu Rückgrat und Selbstbewusstsein. Und er muss Erfahrung gemacht haben mit Niederlagen,

Fehlern und Versuchen, die schiefgegangen sind. Deshalb ist Resilienz auch eine entscheidende Eigenschaft für kreatives Denken.

Kinder brauchen ein dynamischen Selbstbild, also eines, das bereit ist, sich zu ändern, aus Fehlern zu lernen und Neues auszuprobieren. Am besten kann man den eigenen Kindern gegenüber agieren, in dem man diese Werte selbst beherzigt und den Blick vom Handy auf die Kinder und gemeinsame Aktivitäten richtet bzw. am Wochenende und im Urlaub den Kindern auch eigene Projekte zubilligt und nicht die Tage verplant wie auf einer eng durchgetakteten Bildungsreise. Auch der Erziehungsstil der Eltern spielt eine Rolle für die Entwicklung von Kreativität bei Kindern: Ein autoritativer Erziehungsstil ist für Kinder das Beste. Dieser beinhaltet, dass Eltern viel vom Kind fordern, aber auch Sicherheit und Selbstvertrauen sowie Zuverlässigkeit und Geborgenheit bei Enttäuschungen vermitteln. So erhöht man die Resilienz gegenüber neuen Ideen, die nicht funktionieren (und von denen wird es viele geben), und man stärkt die Autonomie, denn auf eigene Ideen können die Sprösslinge nur kommen, wenn Eltern ihnen auch Raum, Zeit und Platz dafür einräumen.

Die Kreativität von kleinen Kindern lässt sich tatsächlich ganz konkret anregen, z. B. indem man ihnen Dinge des täglichen Lebens überlässt, damit sie mit ihnen experimentieren. Kochgerätschaften kann man zu einem Schlagzeug umfunktionieren, Lebensmittel eignen sich als chemisches Laboratorium, wenn man Apfelchips oder Bonbons selbst herstellt, und das eigene kleine Beet im Garten oder Mietgarten eröffnet ebenso unzählige Möglichkeiten. Und das ist alles nichts Neues, das haben bereits unsere Eltern angeregt, aber mit zunehmendem Medienkonsum, einer immer digitaleren Welt und weniger freien Spielzeiten drohen diese simplen, aber sinnvollen Beschäftigungen in Vergessenheit zu geraten.

Kurzum, Folgendes könnte man sich immer wieder ins Gedächtnis rufen: Wichtig ist …

- Freiheit im Denken
- öfter mal Langeweile
- keine Rundumbetreuung
- weniger helikoptern
- eine angstfreie Erziehung
- Mut machen
- und variantenreiche Bildung- und Entdeckungsimpulse (siehe auch S. 143)

Wir brauchen eine neue Fehlerkultur

Auch ein Da Vinci kann vom Himmel fallen! Das heißt: Auch er konnte irren. Leonardo da Vinci (1452–1519) gilt bis heute, ähnlich wie Einstein, als Personifizierung der Kreativität. Er ist aber auch ein gutes Beispiel dafür, dass kreativen Genies nie alles gelingt, ja im Gegenteil, meist sind die Meister im Erfinden ebenso Meister im Scheitern und zeichnen sich vor allem dadurch aus, viele neue Ideen gehabt zu haben – aber eben auch viele neue, die nie funktionierten. Da Vinci entwickelte Techniken weiter, wie in der Vieldeutigkeit des Lächelns der *Mona Lisa* (Sfumato-Maltechnik) zu bewundern; er arbeitete mit neuen Materialien, wie beim *Letzten Abendmahl* (Ölfarben für die Wandmalerei), aber er war auch ein begabter Ingenieur, Brücken- und Maschinenbauer, und er erfand Kriegsmaschinen ebenso wie neue Fortbewegungsmittel. Er entwickelte sogar neue Methoden in der Untersuchung von Leichen, die er geheim durchführen musste. Ihm gelang als Erstem eine wirklichkeitsgetreue Abbildung der flüssigkeitsgefüllten Ventrikel im Gehirn.

Aber er war auch bereit, mit seinen Ideen zu scheitern. Zum Leidwesen heutiger Kuratoren erfand er einen Mörtel für *Das letzte Abendmahl,* welcher fantastisch gut zu malen war, einen unglaublichen Glanz mit großer Farbbrillanz in die Werke brachte, aber eben leider nicht sehr haltbar war. Außerdem beschäftigte er sich Zeit seines Lebens mit dem Fliegen. Er hinterließ eine zahllose Ansammlung an Ideen in seinen geheim gehaltenen Skizzenbüchern, war geradezu besessen davon, zu verstehen, wie Vögel fliegen können, und wollte auch den Menschen das Fliegen ermöglichen. Letzteres war leider nicht von Erfolg gekrönt. Bis zum Ende seines Lebens hat er nicht den entscheidenden Durchbruch erzielt und dabei sogar sein und das Leben von »Versuchspersonen« riskiert. Aber er hat auf dem Weg zu diesem nie erreichten Ziel eine Vielzahl unglaublicher Erfindungen gemacht, wie z. B. den Hubschrauber. Was will uns das sagen?

Man sieht daran: Für den Erfolg braucht es neben Glück auch Durchhaltevermögen und Mut zur Lücke. Studien der amerikanischen Psychologin Carol Dweck von der Stanford Universität in Kalifornien zeigen, dass Menschen, die nur auf ihr Talent vertrauen und nur das machen, worin sie immer schon gut waren (also ein statisches Selbstbild haben), schnell aufgeben, wenn sie nicht weiterkommen, und Angst vor Fehlern haben. Sie lassen sich, aus Angst zu versagen, nicht auf Herausforderungen ein.

Ein dynamisches Selbstbild zu haben, dagegen heißt, zu glauben, dass Übung den Meister macht. Diese Menschen wollen sich stetig weiterentwickeln, sie kämpfen für ihre Ziele und haben keine Angst vor dem Scheitern, weil sie wissen, dass sie aus Fehlern lernen und Herausforderungen ihre Fähigkeiten nur stärken können.

Die Konsequenz: Lernbereitschaft und der Mut, eine eigenständig neue Idee zu haben, wird stärker belohnt. Lobt man nur vorhandene Kenntnisse, werden Fehler zu Niederlagen. Fehler sind aus Sicht des Gehirns entscheidende Bausteine für neues Wissen, denn nur so wird das mit Dopamin arbeitende Erwartungssystem unseres Gehirns immer genauer geeicht. Angst vor dem Versagen behindert die Lernleistung.

Wir sollten eine Kultur für offene Lösungen fördern und auch unseren Kindern wie Personalverantwortlichen klar machen, dass Scheitern für Kreativität elementar wichtig ist. Und wir selbst sollten lernen, dass Scheitern Spaß machen kann.

Geschenk ganz günstig

Nehmen Sie ein übliches DIN-A4-großes Papierblatt und basteln Sie daraus ein kleines Überraschungsgeschenk. Ein Schiffchen, einen Flieger, einen Briefumschlag – das sind sicher die ersten Ideen. Aber was fällt Ihnen noch ein? Es ist für diese Übung wenig sinnhaft, beliebte Falttechniken auf YouTube zu googeln.

Der Chemie-Nobelpreisträger Nils Bohr (1885–1962) fasste das so zusammen: »Man ist erst dann Experte auf einem Gebiet, wenn man alle nur denkbaren Fehler begangen hat.« Bas Kast, Biologe und Psychologe, schreibt hierzu in seinem Buch *Und plötzlich macht es Klick. Handwerk der Kreativität:* »Gerade die Vorstellung, dass Genie oder Talent etwas ist, das man entweder hat oder nicht, kann der Entfaltung unserer Talente auf verhängnisvolle Weise im Wege stehen. Unzweifelhaft gibt es verschiedene Ausmaße von angeborenem Talent für dies und jenes. Wahr ist aber auch: Wer übt, begabt sich selber.«

Wir sollten lernen, mit dem Gefühl des Scheiterns umzugehen, um an einem Problem dranzubleiben, welches sich als schwierig erweist. Man vergisst immer, dass die meisten kreativen Prozesse mit dem Scheitern beginnen. Sich einem schweren Problem zu stellen und hartnäckig zu verfolgen, ist kein Garant für Erfolg, aber eine der wichtigsten Voraussetzungen. Hierfür muss man lernen, auch Risiken einzugehen, und das Risiko des Scheiterns auch aushalten. Kreative Menschen halten Enttäuschungen und Fehler gut aus. Sie haben eine hohe Frustrationstoleranz. William

Shakespeare produzierte 37 Theaterstücke, hat aber nur eine Handvoll Meisterwerke erschaffen *(Hamlet, Macbeth* und *König Lear* bekommen top Bewertungen). Oder nehmen wir den Erfinder Thomas Alva Edison: Er erhielt tatsächlich 1039 Patente, aber nur weniger als zehn haben ihn weltberühmt gemacht. Oder Beethoven: Genau genommen ist von seinen neun Symphonien nur jede ungerade ein Meisterwerk. All das bedeutet, dass eine große Zahl an Ideen eine wichtige Zutat ist, um am Ende auf die richtig guten, disruptiven Ideen zu kommen.

Ein Beispiel aus der Forschungslandschaft

Dies belegt auch ein Beispiel aus dem Berufsumfeld der Forschung: Die Wissenschaftler Pierre Azoulay vom hochangesehenen Massachusetts Institute of Technology und Joshua Graff Zivin von der nicht minder renommierten University of California in San Diego veröffentlichten vor einigen Jahren eine interessante Studie. Die Frage war: Welche Forschungsförderung bringt mehr und bessere Resultate?

Sie verglichen zwei große Forschungsförderer in den USA: zum einen die National Institutes of Health (NIH), eine grundsolide, extrem gründlich arbeitende staatliche Forschungsinstitution, die weltweit der größte staatliche Geldgeber für Forschungsvorhaben ist. Das NIH bewertet in kurzen Abständen den Erfolg und versucht, das Risiko eines Misserfolges in der Forschungsförderung zu minimieren. Auf der anderen Seite wurde das Howard Hughes Medical Institute (HHMI) unter die Lupe genommen – die größte private Stiftung der Welt. Das HHMI investiert in Personen und weniger in einzelne Projekte und evaluiert in großen Abständen von zwölf Jahren die Forschungsergebnisse. Es verlangt allerdings von den Antragstellern innovative und damit auch hochrisikoreiche Projekte.

Die Ergebnisse dieser Studie sind äußerst spannend, auch über die Forschungslandschaften hinaus: Die HHMI-Projekte produzieren deutlich mehr Fachartikel und Patente als die NIH-geförderten Projekte, und diese Artikel werden insgesamt auch viel häufiger zitiert. Darüber hinaus produzieren die vom HHMI geförderten Vorhaben mehr Lexikon- und Fachbucheinträge, und die vom HHMI geförderten Wissenschaftler und Wissenschaftlerinnen bekommen insgesamt sechsmal häufiger Preise als die vom NIH-geförderten Wissenschaftler. Aber, und auch das ist wichtig: 35 Prozent der vom HHMI geförderten Projekte und publizierten Artikel fanden überhaupt keine Beachtung! Diese Zahl lag bei den NIH-Veröffentlichungen signifikant niedriger. Die Autoren der Studie, Azoulay und Graff Zivin, kamen zu Recht zu der Feststellung, dass das HHMI nicht erfolgreicher ist, weil die Personen besser sind, die von ihnen gefördert werden, oder es pro Projekt mehr Geld gibt, sondern weil die Wissenschaftler risikoreicher forschen (das war ihr Förderauftrag) und mehr Vertrauen in ihre Forschung genießen (sie wurden über lange Zeiträume nicht kontrolliert). Darüber hinaus zeigen die Ergebnisse, dass Kreativität eben auch eine Frage von Menge (Quantität) ist – und erst daraus folgt Qualität.

OFFEN SEIN UND FÜR EINE POSITIVE WELTSICHT TRAINIEREN

- Richten Sie die Aufmerksamkeit stärker auf die Lösungen und weniger auf die Probleme, die vor Ihnen liegen. Selbst wenn im Moment die optimale Lösung nicht verfügbar scheint, glauben Sie daran, dass es eine Alternative gibt.

- Vertrauen Sie vor allem auf Ihre Fähigkeiten und auf Ihre Stärken. Welche Stärken haben Sie? Schreiben Sie mindestens fünf auf.
- Konzentrieren Sie sich stärker auf die positiven Dinge! Nehmen Sie sich kurz Zeit und formulieren Sie am Ende jeden Tages fünf positive Dinge. Das können entweder fünf gute Ereignisse sein oder auch Dinge, für die Sie Lob bekommen haben oder einfach dankbar waren. Unter Umständen sind es manchmal nur kleine Gesten – ein Lächeln hier, ein aufmunterndes Wort da.
- Lassen Sie sich von Misserfolgen nicht abschrecken, sondern planen Sie diese ein. Selbst wenn es beim ersten Mal nicht klappt, so ist es doch möglich, dass es beim nächsten Mal besser hinhaut. Noch viel besser ist es, wenn Sie den Misserfolg als Anregung nehmen, was Sie besser oder anders machen können. Getreu nach dem Motto: »Wenn der Tag nicht dein Freund war, so war er dein Lehrer.«

Achtung: Kreativität kann auch ängstigen

Kreativität wird als lebenswichtig gepriesen und als Lebenselixier für gute Unterhaltung, Fortschritt und zukunftsweisende Innovationen angesehen. Wer möchte nicht kreativ sein oder erfinderische Mitarbeiter einstellen? Die psychologische Forschung über die implizite Voreingenommenheit hat jedoch gezeigt, dass das, was Menschen über Kreativität sagen, nicht unbedingt unserer inneren, oft unbewussten Einstellung entspricht. Neuere Forschungsergebnisse aus der Psychologie und den Sozialwissenschaften haben herausgefunden, dass wir tatsächlich eine Abneigung gegen Schöpferisches und Kreativität hegen. Meist unbewusst sehen wir Kreativität in unseren Mitmenschen kritisch, ja manchmal sogar als störend an. Und wie eine kürzlich durchgeführte Studie gezeigt hat, kann uns diese Voreingenommenheit sogar davor zurückschrecken lassen, ein innovatives Projekt in Angriff zu nehmen oder einen kreativen Mitarbeiter einzustellen.

Viele Menschen haben negative Assoziationen zwischen dem Konzept der Kreativität und Begriffen wie Erbrechen und Gift, wie eine Studie von Jack Goncalo mit seinem amerikanischen Forscherteam feststellte. Weiter wurden auch die unbewussten Ansichten der Menschen über Kreativität untersucht und festgestellt, dass Innovation zum Teil deshalb aversiv ist, weil sie Gefühle von Unsicherheit verstärken kann. In einer früheren Studie teilte das gleiche Forscherteam Probanden in zwei Gruppen ein: Den Mitgliedern der einen Gruppe wurde gesagt, dass einige von ihnen nach der Studie einen Bonus erhalten würden, dass aber die Auswahl der Empfänger durch eine Zufallslotterie erfolgen und nicht auf ihrer Leistung beruhen würde. Dies führte natürlich zu einem Gefühl der Unsicherheit in der Gruppe. Der anderen Gruppe – die Kontrollgruppe – wurde die Möglichkeit einer Prämie nicht angeboten, wodurch diese Unsicherheit nicht entstand. Anschließend stellten die Forscher diesen beiden Gruppen eine Reihe von Aufgaben, um zu ermitteln, wie sie über Kreativität denken. Es wurden zwei Messungen vorgenommen: Eine untersuchte die explizit geäußerten Ansichten der Teilnehmer, eine zweite ihre unbewussten Gefühle. Entsprach das, was sie über Kreativität sagten, dem, was sie tatsächlich fühlten?

Diese Art von Forschung befasst sich mit einem Phänomen, das als »implizite Voreingenommenheit« bekannt ist. Im Großen und Ganzen handelt es sich dabei um dieselbe Art von Forschung, mit der untersucht werden kann, ob Menschen Vorurteile haben.

Um die expliziten Ansichten der Probanden zu erforschen, ließen die Wissenschaftler sie eine Umfrage ausfüllen, in der sie ihre Gefühle gegenüber Ideen bewerteten, die als »neuartig«, »erfinderisch« und »originell« angesehen wurden. Die Probanden brachten ihre positiven Assoziationen mit diesen Begriffen zum Ausdruck.

Um die eher verborgenen Gefühle der Probanden zu ermitteln, verwendeten die Forscher ein cleveres Computerprogramm, den sogenannten »impliziten Assoziationstest«. Dabei wird die Reaktionszeit der Versuchspersonen auf Ideenpaare gemessen, die ihnen auf einem Bildschirm präsentiert werden.

So wurden den Probanden die Wörter aus der Umfrage, die auf Kreativität hindeuten, und ihre Gegensätze (»praktisch«, »nützlich«) sowie Wörter mit positiven Assoziationen (»Sonnenschein«, »Lachen«, »Himmel«, »Frieden«) und negativen Assoziationen (»Gift«, »Qual«, »Hölle«, »Erbrechen«) vorgelegt. Dieses Mal fanden die Forscher einen signifikanten Unterschied in den Ergebnissen: Beide Gruppen brachten positive Assoziationen mit Wörtern wie »praktisch« und »nützlich« zum Ausdruck, aber die Gruppe, die sich unsicher fühlte (weil die Mitglieder nicht wussten, ob sie einen Bonus erhalten würden oder nicht), gaben mehr negative Assoziationen mit Wörtern an, die auf Kreativität schließen lassen.

Die Gründe für diese implizite Voreingenommenheit gegenüber der Kreativität lassen sich auf die grundlegend störende Natur neuartiger und origineller Kreationen zurückführen. Kreativität bedeutet meist Veränderung, ohne die Gewissheit wünschenswerter Ergebnisse.

Wir glauben aber implizit, dass uns ein gewisser Status quo sicher ist und auch wenn Unternehmensleiter behaupten, Kreativität zu wollen, so lehnen sie dann doch oft reflexartig neue Ideen ab. Führungskräfte sagen zwar: »Wir sind innovativ«, und lehnen dann doch jede neue Idee von Mitarbeitern und Mitarbeiterinnen zunächst ab. Gerade Menschen, die beruflich viel in den Status quo investiert haben, haben einen großen Anreiz, Veränderung mit Unsicherheit zu assoziieren, und dies macht Angst.

Neue Ideen haben für einen Manager der mittleren Ebene fast keine Vorteile. Das Ziel eines mittleren Managers ist es eher, die Kennzahlen einer bestehenden Aufgabe zu erfüllen.

Das schafft ein weiteres Rätsel, so die Forscher, denn Menschen in unsicheren Situationen brauchen vielleicht wirklich eine kreative Lösung und haben dennoch Schwierigkeiten, sie zu akzeptieren. Entsprechend beinhalten die Forschungsergebnisse eine tiefe Ironie. Frühere Forschungen haben gezeigt, dass Ungewissheit die Entwicklung von kreativen Ideen fördert, doch neue wissenschaftliche Ergebnisse zeigen, dass Ungewissheit auch dazu führt, dass wir weniger in der Lage sind, Kreativität zu erkennen, vielleicht ausgerechnet dann, wenn wir sie am nötigsten bräuchten. Risiko mit der Aussicht auf Belohnung spornt unser kreatives Denken dagegen an, Unsicherheit nimmt uns die Kreativität.

Und diese Voreingenommenheit gegenüber Kreativität wirkt sich auch auf die Auswahl von Mitarbeitern aus, die Arbeitgeber einstellen. In einer Studie baten die Psychologen zwei Gruppen von Probanden, Passagen über einen hypothetischen Stellenbewerber namens »Michael« zu lesen, der als hoch innovativ und unternehmerisch beschrieben wurde. Für die eine Gruppe von Lesern hatte Michael seine kreativen Instinkte und Fähigkeiten bei der Entwicklung eines neuen Laufschuhs eingesetzt. Für die anderen hatte Michael seine Kreativität bei der Erfindung eines neuen Sexspielzeugs eingesetzt. Die beiden Versionen der Geschichte über Michaels Kreativität waren identisch, abgesehen vom Verwendungszweck des Produktes, das er erschaffen hatte. Die beiden Gruppen wurden dann aufgefordert, Fragen wie »Wie kreativ ist Michael?« und »Inwieweit ist Michael ein konventioneller oder ein innovativer Denker?« zu beantworten. Hier gab es eine Divergenz in den Antworten der beiden Studiengruppen: Die Gruppe, die erfuhr, dass Michael ein neuartiger Denker in Bezug auf Laufschuhe war, stufte ihn als kreativer ein als die

Gruppe, die erfuhr, dass er ein neuartiger Denker in Bezug auf Sexspielzeug war.

Dann untersuchten die Forscher mit einem Test zur Messung impliziter Voreingenommenheit – wie in der vorangegangenen Studie –, ob die Versuchspersonen in den beiden Gruppen tatsächlich so über Michael dachten, wie sie es angaben. Das Ergebnis: Auf der unterbewussten Ebene sahen die beiden Gruppen ihn als gleich kreativ an.

Für die Forscher deutet dies darauf hin, dass die soziale Stigmatisierung unsere Wahrnehmung von Kreativität trübt, und es scheint in der Tat nicht fair, dass der Erfinder eines Schuhs ausdrücklich als kreativ bezeichnet wird und der Erfinder eines Sexspielzeugs nicht. Letztendlich, so die Forscher, spreche es auch Bände darüber, wer unter uns als kreativ gefeiert werde und wessen Arbeit zu seiner Zeit zu stigmatisiert sei, um als kreativer Beitrag anerkannt zu werden. In der Studie heißt es beispielsweise, dass Henri de Toulouse-Lautrec, der im späten 19. Jahrhundert Prostituierte und Drogenabhängige malte, »in der Pariser Kabarettszene sehr beliebt war, aber erst nach seinem Tod allgemeine Anerkennung fand«.

Persönliches Inspirationsmantra

Vielleicht haben Sie das auch schon erlebt: Man stolpert ganz zufällig über ein Bild, einen Satz, einen Begriff, und es startet eine Kaskade an Gedanken und Einfällen, die einen lange beschäftigen. Das Reizwort, das triggert; das Foto, das berührt; die Zeile aus einem Song, die begeistert.
Schreiben Sie diese persönlichen Inspirationen auf oder legen auf dem Handy einen Ordner an!

Frage: Kann eine KI kreativ sein?

Für viele Menschen klingt die Vorstellung, dass ein Computerprogramm kreativ sein kann, wie ein Widerspruch in sich. Das Wesen einer Maschine oder eines Algorithmus hat schließlich »mechanisch« zu sein – also das Gegenteil von Kreativität. Oft hört man, ein Computer könne nur das tun, wozu er von einem Menschen programmiert wurde. Daher kann er per Definition nicht kreativ sein. Kreativität erfordert, dass man selbst etwas Neues schafft.

Diese Auffassung hat sich allerdings erledigt, denn AlphaGo, ein Computerprogramm, das das japanische Brettspiel »Go« erlernt hat, hatte 2016 in den berühmten Go-Partien Züge gemacht, die die Programmierer nicht vorhergesehen hatten. AlphaGo besiegte 2016 auch einen der weltbesten Profiturnierspieler aus Südkorea. Noch in den 1990er Jahren agierten die Programme auf dem Niveau eines passablen Anfängers.

KI-Algorithmen, die Rembrandtbilder (siehe Seite 91) oder Musikstücke von Bach nachempfinden sollten, haben Bilder und Musikstücke produziert, die so nicht vorhersehbar waren und auch für die Programmierer überraschend waren und sogar manchmal täuschend echt. Es ist also für ein Computerprogramm prinzipiell möglich, kreativ zu sein.

Es gibt ähnliche Beispiele für die Erzeugung von Musik, hier waren Computer in der Lage, zumindest gefällige Musik zu erzeugen. Das berühmteste Computerprogramm, das auf diese Weise Musik erzeugt hat, war das Programm »Experiments in Musical Intelligence« (EMI) von dem Komponisten David Cope. Das KI-Programm war entwickelt worden, um Musik im Stil verschiedener klassischer Komponisten zu erzeugen, und einige seiner Stücke schafften es, selbst professionellen Musikern vorzugaukeln, sie seien vom tatsächlichen Komponisten geschrieben worden. War EMI kreativ? Wohl eher nicht, denn von EMI produzierte Musikstücke beruhten auf Copes musikwissenschaftlichem Wissen, das in die musikalischen Ideen eingebettet war. Vor allem aber hatte der Computerprogramm-Algorithmus kein wirkliches Verständnis für die von ihm erzeugte Musik – weder im Hinblick auf die musikalischen Konzepte noch im Hinblick auf die emotionale Wirkung der Musik. Aus diesen Gründen konnte das Musikprogramm die Qualität der von ihr produzierten Musik nicht beurteilen – das war die Aufgabe von Cope, der entschied, was veröffentlicht und was nicht veröffentlicht wurde. Also auch für Musik gilt, dass Kreativität nur durch die Zusammenarbeit mit einem Menschen zustande kommt, der die Fähigkeit mitbringt, zu verstehen, was gute Musik ausmacht, und somit die Leistung des Computers zu beurteilen.

Kreativität ist wohl das, was den Menschen am meisten von anderen Spezies unterscheidet. Sie ist neben unserer Fähigkeit zur Vernunft das, was uns am stolzesten auf uns selbst macht. Aber das, was uns vor allem ausmacht, ist nicht allein der kreative Prozess an sich, sondern unsere Fähigkeit, sie zu schätzen, zu verstehen, was sie bewegt, und zu begreifen, was sie mitteilt. Diese Wertschätzung und dieses Verständnis sind sowohl für das Publikum als auch für den kreativen Wissenschaftler, Schriftsteller oder Künstler unerlässlich; ohne sie kann man ein Werk nicht als wirklich »kreativ« bezeichnen. Es gehört also auch zur Kreativität, dass man das, was man geschaffen hat, verstehen, in seiner Neuartigkeit oder Originalität erkennen und beurteilen kann. In diesem Sinne kann – Stand 2024 – kein existierender Computer als kreativ bezeichnet werden.

Kurzum, um die Frage zu beantworten: »Kann ein Computer kreativ sein?«, kann man festhalten: Im Prinzip ja, aber es wird nicht so bald passieren.

Schön scheitern

Was war Ihr größter Fehler des Monats? Wo haben Sie so richtig versagt und sind gedanklich in die völlig falsche Richtung gelaufen? Freuen Sie sich über den Missgriff und fragen Sie sich: Was habe ich daraus gelernt?

Was bedeutet es, eine »kreative Gesellschaft« zu sein?

Eine Kultur, die Fehler als Herausforderung und nicht als Niederlage begreift, macht es dem

Einzelnen leichter, sich den anstehenden gesellschaftlichen Änderungen zu stellen. Die Welt ändert sich – bedingt durch Globalisierung, digitale Vernetzung und den Möglichkeiten der KI-Anwendungen immer schneller. Wer sich effektiv und ohne Angst an Veränderungen anpassen kann, weil er gelernt hat, sich neuen Situationen ohne Furcht vor Fehlern zu stellen, der gelernt hat, kreative Techniken einzusetzen, um sein Potenzial und neue Ideen zu entwickeln, der es gewohnt ist, ungewöhnliche Fragen zu stellen und ungewöhnliche Lösungen zu probieren, wird die Zukunft mit höherer Wahrscheinlichkeit meistern und auch psychisch stabiler sein.

KREATIVTRAINING

Rund ums Denken

Denken ist mehr als Faktenwissen! Denken ist laut Duden: die menschliche Fähigkeit des Erkennens und Urteilens anwenden; mit dem Verstand arbeiten; überlegen.

Was heißt aber querdenken, um die Ecke denken, im Kreis denken? Welche Denkrichtungen fallen Ihnen noch ein? Oder: Denken Sie nüchtern, laut, klar, global, freiheitlich, praktisch?

Über das Denken nachzudenken, ist eine äußerst spannende Beschäftigung, die Sie mit dem Organ leisten, das denkt. Sie können mit Ihrem Gehirn über Ihr schmerzendes Knie nachdenken, nicht jedoch mit dem Knie über Ihr Gehirn.

Wie wäre es also, ein Mindmap über das Denken zu erstellen? Oder schlicht alle Begrifflichkeiten zu sammeln: Denkerstirn, Denkmuster, Denkweise, denkste, Denkblockade, überdenken, nachdenken …

Jede Begrifflichkeit beinhaltet eine etwas anders gelagerte Konnotation. Allen gemeinsam ist: Denken macht Freude!

Dafür allerdings brauchen wir auch eine Gesellschaft, die es Menschen erlaubt, nicht nach Konformität zu streben, eine Gesellschaft, die Diversität nicht nur duldet, sondern als Bereicherung erlebt. Dazu gehört aber auch, es zuzulassen und zu ertragen, dass eine große Palette an Meinungen und Weltwahrnehmungen besteht, und sich niemand gerne einfach durch neue Sprachregeln gängeln lassen will. Die Pluralität an Ideen entsteht leichter, wenn eine gelebte Diskussionskultur ohne Scheuklappen gewünscht ist.

Vor allem zeigt sich, dass wir mehr gute Ideen haben, wenn wir versuchen, optimistisch auf die Welt zu schauen – Optimisten haben mehr Ideen als Pessimisten und glauben eher an Veränderung.

Vielleicht ist auch dies etwas, was man sich immer wieder gerade in unserer Gesellschaft in Erinnerung rufen muss: Wir wissen nicht, was in der Zukunft lösbar ist und was nicht, aber die Forschung zeigt, dass wir eher Lösungen finden werden, wenn wir an Veränderung und an das Finden von Lösungen glauben.

WARTEN AUF DEN KAIROS

Seit Thomas Multhaup als katholischer Priester aus dem Kirchendienst ausschied, arbeitet er vorwiegend als freier Hochzeits- und Trauerredner, konfessionsloser Seelsorger und ist seit 2020 erster Vorsitzender des Berufsverbands der Trauerredner:innen (BATF e. V.); www.trauerfeiern.net

Die Trauerrednerei ist ein hochkreatives Tun. Stirbt ein Mensch, und seine Angehörigen wünschen sich – aus welchen Gründen auch immer –, dass kein kirchlicher Vertreter spricht, übernehmen Trauerrednerinnen und Trauerredner die Aufgabe. Der wohl größte Unterschied zu einer kirchlichen Trauerfeier, in der Liturgie und Gebete im Vordergrund stehen, ist: Der Verstorbene, seine Lebensgeschichte, das, was ihn zu diesem einmaligen Menschen gemacht hat, soll im Mittelpunkt stehen.

Zur Vorbereitung auf die Trauerrede findet ein Gespräch mit Angehörigen oder auch Freunden statt, in dem der Redner »gebrieft« wird. Hier bereits beginnt Kreativität, denn es geht nicht darum, standardmäßig einen tabellarischen Lebenslauf zu erfassen, sondern, neben den zwar notwendigen Daten, die viel wichtigeren wesentlichen Lebensereignisse, die Charaktereigenschaften und Wesenszüge kennenzulernen. Empathie, eine andere unverzichtbare Eigenschaft für diese Arbeit, lässt mich meistens spüren, wenn in einem Vorgespräch Dinge bewusst nicht genannt werden oder »durch eine Art Nebelwerfer« von ihnen erzählt wird: Versagen, Verletzungen oder schambesetzte Themen kommen in vielen Biografien vor. An einem solchen Punkt im Gespräch respektvoll und wertschätzend einerseits, zugleich auch gewinnend zu erläutern, dass am Ende eine authentische und ehrliche Erinnerung stehen und nicht eine Heiligsprechung erfolgt sein soll, erfordert in genau diesem Moment hohe Kreativität. Ich schlage den Angehörigen oft spontan vor, wie ein heikles Thema tatsächlich seinen Platz in der Rede bekommen kann.

Eine meiner Maximen ist: Man darf in einer Trauerrede alles sagen, ohne dass man es ausgesprochen haben muss. Und in Anlehnung an ein Wort von Paulus: Alles muss in Liebe »verkündet werden«.

Mir persönlich hilft bei meiner Tätigkeit als Trauerredner natürlich, dass ich auch die kirchliche Welt kenne. Als studierter Theologe und ehemaliger kirchlicher Seelsorger kenne ich deshalb den Unterschied zwischen Rede und

Zeremonie: Ersteres sollte Teil des zweiten sein. Auch bei einer weltlichen Feier ist eine gelungene Trauerrede allein keine Garantie für einen guten Abschied.

Ich versuche, zwischen dem Vorgespräch und der Feier immer ein paar Tage Zeit zu haben, denn unter Zeitdruck kreativ zu sein, das ist gar nicht meins.

Ich vergleiche meine Arbeit manchmal mit dem Aufbrühen von Filterkaffee: In einem Vorgespräch füllen die Angehörigen mir den Porzellanfilter, in den nächsten Tagen lassen Zeit und Nachdenken langsam die richtigen Worte reifen, die am Ende am Tag der Trauerfeier Trost geben und beim Abschied unterstützen.

Was sind aber »richtige Worte«?

Schwülstig, pathetisch und abgehoben, solche Formulierungen will niemand hören. Lebensecht, herzlich und wertschätzend, darum geht es.

Kreativität bedeutet hier, die Formulierungen zu wählen, die zum Leben und Lebensstil des Verstorbenen passen und darüber hinaus die Angehörigen trösten, indem sie zum Beispiel Erinnerung wecken, ohne eine alte Wunde aufzureißen. Auch für die richtige Platzierung von erheiternden Anekdoten bedarf es mehr als nur einer Prise Fingerspitzengefühl.

Nach wie vor empfinde ich das Lesen als große Unterstützung und Notwendigkeit für meine Tätigkeit. Dabei geht es manchmal gar nicht um den Inhalt, sondern darum, wie Autoren einen Sachverhalt ausdrücken, ihn so aufbereiten, dass man als Leser den Eindruck hat, Teil der Geschichte oder des Erzählten zu sein. Auch der Austausch mit Kolleginnen und Kollegen meines Teams oder unseres Berufsverbands hilft mir, wenn meine Kreativität mal lahmt und Unterstützung braucht.

Und auf ganz eigene Art und Weise ist das Warten auf den Kairos, auf den richtigen Moment, Teil meiner Kreativität. Meistens habe ich sehr schnell klar, was ich sagen will, doch nicht immer fällt mir sofort die richtige Formulierung ein. Sich dann nicht selbst Druck zu machen und vielleicht mit technischen Hilfen wie Synonymwörterbüchern nach einer schnellen, endgültigen Formulierung zu suchen, habe ich zwar lernen müssen, doch das Warten hat sich gelohnt: Mit etwas Zeit ist bis jetzt immer die für mein Empfinden richtige Formulierung aufgetaucht, die rhetorisch und dem Verstorbenen angemessen ist.

Aber auch während des Redevortrags selbst ist Kreativität nicht zu unterschätzen. Wenn die Umstände bei der Trauerfeier es nötig machen, muss ich zum Beispiel spontan umformulieren oder mich vom formulierten Redetext lösen. Das sollte sich aber nur zutrauen, wer wirklich versiert und sicher ist! Denn spontane Ideen für eine Umformulierung kann man dann in diesen Sekunden nicht mehr reflektieren und prüfen.

Wer tagtäglich Umgang mit Menschen in Trauer hat, der braucht im Hinblick auf sich selbst und seinen Umgang damit tatsächlich ebenfalls Kreativität. Salopp ausgedrückt kann man keinesfalls jedes Mal mitsterben, und man ist auch nicht immer traurig.

Wohl aber bin ich immer anteilnehmend. Denn diese Arbeit lediglich routiniert und oberflächlich zu machen, wäre der Tod der persönlichen, guten Trauerrede. Hier einen kreativen Weg zu finden, nach gelungener Bearbeitung jeden Trauerfall für sich selbst abzuschließen, ist zwingend notwendig. Ich mag dafür Bewegung und Musik. Manchmal genügt auch ein Handyspiel, um auszusteigen und die Gedanken neu sortieren zu können.

ANHANG

Übungsblätter

Nummer 1: Was kann man aus diesen Rechtecken alles machen?
Ein Bleistift genügt und los geht's!

Nummer 2:

Nummer 3: Meine Strichzeichnung

Nummer 4:
Was kann man aus diesen Dreiecken alles machen?
Ein Bleistift genügt, und los geht's!

Nummer 5:

Torte, Geodreieck, Zelt, Serviette, Girlande, Triangel, gleichschenklicher Metallwinkel, Tannenbaum, Dachgaube, Segel, Wimpel, Kirchturm, Parmesankäse, Trichter, Stern, Pyramide/Dach, Bikinihose/Slip, Dachfenster, Sektglas, Pfeil/Abmessungspfeil, Tortenheber, Verkehrsschild, Sonnen- oder Regenschirm

Nummer 6: Beispiel für die 3-Minuten-Übung

Crowd	Entschleunigung	Lila	nachhaltig
• Gruppe • Menschen • Gedränge • Menge • Ansammlung • Versammlung • Gewühl • Schwarm • Horde • Publikum • Volksauflauf • Schar • Clique • Masse • Haufen • Gewurle • Gewimmel	• langsam • gemächlich • verlangsamen • Faulheit • Muße • Drosselung • Slowfood • Genuss • sinnhaftig • wertvoll • unhektisch • gemütlich • bequem • ruhig • eins nach dem anderen • immer schön der Reihe nach	• fliederfarben • Veilchen • Lavendel • violett • purpur • blaurot • letzter Versuch • lila Kuh • Amethyst • blaue Hortensien • Farbe der Bischöfe • Frauenpower • Spiritualität • Emanzipation • Impressionisten	• tiefgreifend • sinnvoll • von Dauer • effektvoll • zukunftsorientiert • anhaltend • haltbar • erheblich • drastisch • nachdrücklich • wirkungsvoll • wirksam • durchschlagend • sich auswirkend • gravierend • durchdringend • folgenschwer • richtungsweisend • permanent • bedeutend • beachtlich • naturklug • grün • ökologisch

Nummer 7: Die TAF-Methode

T Thema	Was ist das zentrale Wort? Was ist ein Kernargument? Warum ist das Thema wichtig?
A Assoziation	Was habe ich persönlich erlebt, gehört, gelesen? Was weiß ich NICHT über das Thema? Berührt es mich emotional? Gibt es Klischees? Was würden meine Nachbarn sagen? Wie erkläre ich das meiner Mutter?
F Fragen	Wo? Wie? Was? Warum? Wer? Wann?

Nummer 8: Beispiel für die TAF-Methode – Unser Haushalt soll nachhaltiger werden

T Thema	**Was ist das zentrale Wort?** Nachhaltiger leben **Was ist ein Kernargument?** Es ist sinnvoll, spart Geld und macht zufriedener. **Warum ist das Thema wichtig?** Es ist gesellschaftlich bedeutsam. Ich möchte dazu beitragen.
A Assoziation	**Was habe ich persönlich erlebt, gehört, gelesen?** Jeder schafft das, man muss sich informieren, umstellen und an jedes Detail denken. Achtung: Nicht alle Informationen sind richtig! **Was weiß ich NICHT über das Thema?** Wieviel Zeit muss ich investieren? Kostet es am Ende sogar mehr Geld? Wo bekomme ich alle relevanten Informationen her? **Berührt es mich emotional?** Ja, deshalb stecke ich viel Energie in das Projekt und mache es zu meiner Herzensaufgabe. **Gibt es Klischees?** Nachhaltigkeit macht keinen Spaß und Arbeit. **Was würden meine Nachbarn sagen?** Jetzt springt sie auch auf den Trend auf! **Wie erkläre ich das meiner Mutter?** Es ist meine Pflicht, nachhaltiger zu leben – für die Zukunft. Es wird uns glücklicher machen.
	Wo? Im ersten Schritt zuhause bei den alltäglichen Dingen, dann folgen Wohnen, Mobilität, Reisen … **Wie?** Wir gehen alle Schränke durch und packen das weg, was wir doppelt haben oder lange nicht benutzt haben. Prüfen Zimmer für Zimmer, worauf wir in Zukunft achten wollen. Wir erstellen eine Liste, auf was wir verzichten und was wir ändern wollen.

F Fragen	**Was?** Lebensmittel-Check, sorgfältige Vorratsplanung, weniger Fleisch essen, plastikfreie Verpackungen für Bad- und Küchenartikel, Seife, Shampoo und Lotion, Putzmittel u.a. selbst herstellen, kein Mikroplastik, Gemüse selbst anbauen. **Warum?** Weil wir zusammen etwas Sinnvolles tun, das uns auch als Familie näher zusammenbringt. **Wer?** Jeder in der Familie macht mit. Es ist ein Projekt, bei dem die Aufgaben monatlich wechseln, damit es nicht langweilig wird. Nach der konsequenten Mülltrennung startet die Familie mit einem detaillierten Plan: Einer recherchiert, was Nachhaltigkeit bei einzelnen Produkten bedeutet, und tritt einer örtlichen Nachhaltigkeitsinitiative bei. Der Zweite prüft, was man sparen kann: Wasser, Strom, Alltagsprodukte. Der Dritte kümmert sich um Einkäufe, Anschaffungen und Reparaturen (nicht gleich neu kaufen!). Der Vierte erstellt den Plan für den eigenen Gemüse- und Obstanbau im gemieteten Feld und fühlt sich vor allem zuständig für die Ernährung. **Wann?** Wir starten am I. des nächsten Monats mit den Vorträgen der einzelnen Familienmitglieder, die über ihre Ideen berichten.

Nummer 9: Mindmap Hochzeit

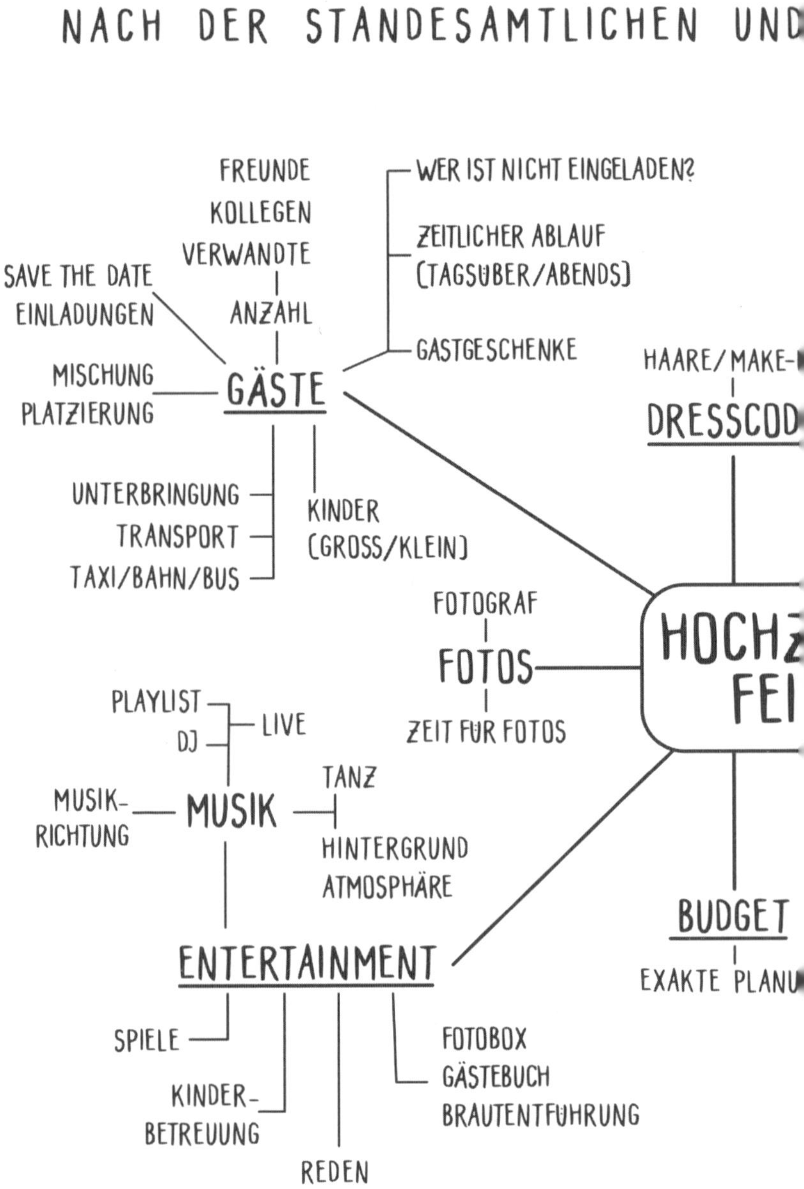

ER KIRCHLICHEN/FREIEN TRAUUNG

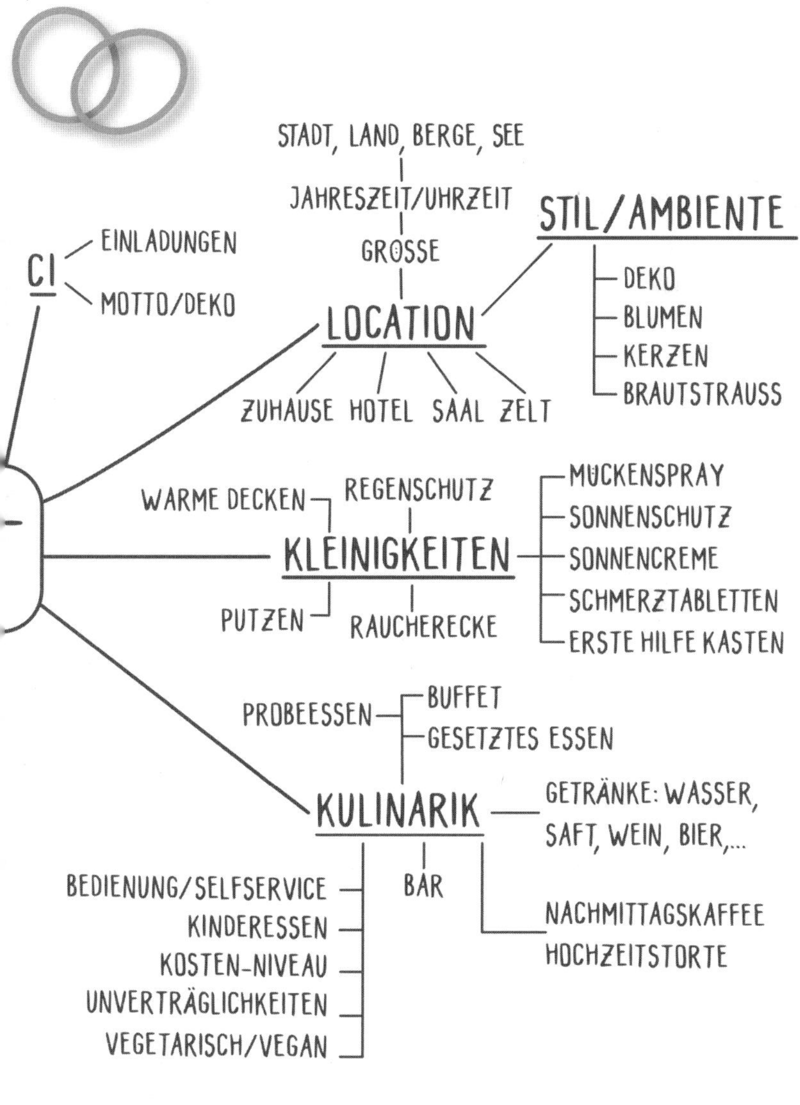

Nummer 10: Imaginäres Brainstorming

Fragestellung

Ersatzwelt/Ersatz-Akteure	**Übertragung auf das reale Thema**

Nummer 11: Imaginäres Brainstorming

Frage: Neue teambildende Maßnahmen für den IT-Bereich

Dschungel/Fußballmanschaft	**Übertragung auf das reale Thema**
Spieler erkennen sich nicht – dichtes Blätterwerk und dunkel am Boden • bunte Kleidung kann helfen	Es werden bunte T-Shirts für die Arbeit im Gemüsegarten besorgt, jeweils unterschiedliche Farben für die Teams
Sie haben kein freies Feld – man braucht neue Spielregeln • mehrere kleinere Teams spielen zwischen den Bäumen, also viele Kopfbälle, wenig Bodenkontakt	Kleine Teams kümmern sich um bestimmte Ackerflächen und bestimmte Gemüsesorten
Sie haben wenig Licht, weil es im Urwald dunkel ist • Sie brauchen Lampen	IT-Mitarbeiter sitzen den ganzen Tag vor dem Rechner mit wenig Tageslicht, deshalb ist Outdoor eine gute Abwechselung mit Licht, Sonne und frischer Luft
Wenig zu essen, es gibt nur Früchte • diejenigen, die nicht spielen, sammeln Früchte für die anderen	Kleine Teams aus dem IT-Bereich legen gemeinsam einen Gemüsegarten an (entweder Dachgarten des Konzerns oder Miet-Acker, Miet-Gemüsegarten)
Kaum genug Wasser • diejenigen, die nicht spielen, fangen Regenwasser mit großen Blättern auf	Trinkflaschen mit Naturmotiven werden für die Arbeit im Gemüsegarten verschenkt
Sie haben keine Hütte als Schutz • es wird aus großen Blättern und Ästen ein Unterstand gebaut	Ende des Sommers kochen alle Teams gemeinsam in der Konzernkantine aus dem geernteten Gemüse ein leckeres Essen
Spieler hören sich mit der Geräuschkulisse im Urwald schlecht • Spieler erhalten unterschiedliche Trillerpfeifen	Bei der Arbeit im Gemüsegarten spendiert der Arbeitgeber eine Musikbox und ein Online-Musik-Abo
Sie haben keinen Coach • einer der Spieler übernimmt abwechselnd die Rolle	Ein Fachmann hilft den Teams beim Säen, Pflanzen und Ernten im Miet-Gemüsegarten, ein Koch später bei der Zubereitung

Nummer 12: Die Flip-Flop-Technik

Fragestellung:

FLOP – Was macht das Problem noch größer?	**FLIP – Was kann ich dagegen unternehmen?**

Nummer 13: Die Flip-Flop-Technik

Frage: Wie können wir den Verkauf der Zeitschrift mit Rezepten erhöhen?

FLOP – Was macht das Problem noch größer? Niemand will die Zeitschrift	**FLIP – Was kann ich dagegen unternehmen? So wird die Zeitschrift attraktiver**
Sie ist klein und die Schrift kaum leserlich	Gut leserliche Schrift, nicht zu klein und eine auf den ersten Blick überschaubare Aufteilung der Informationen
Die Fotos der Gerichte sind schwarz-weiß und unscharf	Perfekte Fotos in Farbe von den Gerichten mit großer Tiefenschärfe
Die Zeitschrift riecht nicht gut	Zeitschrift mit Zitronen oder Kräuterduft besprühen
Die Rezepte sind alle sehr ähnlich	Es muss für jeden etwas dabei sein, auch Vegetarisches und Veganes, schnelle Gerichte und aufwendigere Rezepte
Die Zutaten sind alle teuer und nur schwer im Handel zu bekommen	Die Zutaten müssen im üblichen Handel zu bekommen sein, nur selten exotische Zutaten, die man nur in Spezialläden bekommt
Die Zeitschrift ist im Handel kaum sichtbar und liegt versteckt ganz unten im Regal	Am besten gut sichtbar in einem Extra-Ständer oder an der Kasse, vielleicht verbunden mit einem Gewinnspiel, um die Aufmerksamkeit zu erhöhen
Das Format ist zu groß und passt kaum auf den Küchenblock	Handliches Format, pro Rezept eine Seite
Das Papier ist dünn	Dickeres Papier, da man ja öfter mal reinschaut und die Zeitschrift aufbewahrt und öfter benutzt – werthaltig
Zeitschrift hat Flecken	Beim Kochen spritzt es schon mal auf die Zeitschrift, wenn sie aufgeschlagen neben dem Herd liegt, deshalb Papier mit abwaschbarer Beschichtung

Nummer 14: Die Osborn-Checkliste

Anders verwenden	
Anpassen	
Ändern	
Vergrößern	
Verkleinern	
Ersetzen	
Umstellen	
Umkehren	
Kombinieren	
Transformieren	

Nummer 15: Die Osborn-Checkliste

Beispiel: Ostern in der Gemeinde XY. Themen über die Aktivitäten für die Webseite der Gemeinde

Anders verwenden
Eine Familie dreht das Kochvideo »Osterlamm«

Der größte Schoko-Osterhase wird von der Schokoladenfabrik gestiftet und steht am Ortseingang. Punkt 24 Uhr von Ostersamstag zu Ostersonntag, wenn die Fastenzeit endet, können ihn alle Urlauber kollektiv anknabbern und aufessen

Anpassen
Die Eintrittskarte für die Osteraufführung der Laienschauspieltruppe der Gemeinde XY am Gründonnerstag ist ein Stückchen Holz, das aussieht wie ein Puzzlestück. Nach der Aufführung können alle Besucher das Puzzle zusammensetzen. Das ergibt ein Abbild des großen Osterfeuers in XY

Ändern
Wie entsteht der spezifische Geruch von gekochten Eiern? Die Oberstufe des Gymnasiums in XY hat im Chemieunterricht eine Ausstellung vorbereitet, die das erklärt

Nachhilfestunden trotz Osterferien für Familien mit Schulkindern

Vergrößern
Wie schwer ist das größte Ei der Welt? Ein Quiz. Besuch eines Bauernhofs mit ganz besonderen Hühnern, die bunte und große Eier legen

Welche Osterbräuche gibt es weltweit? Die Informationen erhalten die Besucher über eine interaktive Weltkarte

Wie viele Eier verträgt ein Mensch pro Tag? Die Ernährungswissenschaftlerin der örtlichen Fachhochschule und der Allgemeinmediziner klären auf über Cholesterin, Lezithin, Vitamin A, Vitamin D, Vitamin E, verschiedene B-Vitamine, Zink, Eisen und Selen, die in Eiern enthalten sind. Und zwar immer samstags auf dem Markt

Verkleinern
Wo lebt der kleinste Hase der Welt? Vortrag im Gemeindesaal von Oberförster Meier über die Hasen in XY, und warum es Zwerghasen in der Natur nicht leicht haben

Ersetzen
Wie würde man Ostern unter Wasser feiern? Sammlung witziger Ideen. Besuch des »Blauen Teichs« in XY mit der Geschichte, wie dieser berühmte Teich entstanden ist. Im Teich leben viele Karpfen, die kostenlos geangelt werden dürfen

Wo kommen die Bio-Ostereierfarben her? Der Botaniker der Gemeinde XY sucht mit den Urlaubern die Pflanzen, aus denen man selbst die natürliche Farbe zum Färben der Ostereier herstellen kann

Umstellen
Ein Ei erzählt, wie es sich an Ostern fühlt! Der berühmteste Schriftsteller der Gemeinde XY hat extra eine Kurzgeschichte für die Osteraktion geschrieben. Er wählte als Erzählform die Innensicht eines Eies. Die Geschichte ist online auf der Webseite verfügbar, und 1000 signierte Druckexemplare werden zu Ostern in XY verlost

Wie feiern Veganer Ostern?

Die alternative Fastenzeit: Digitales Detox – ohne Handy und PC. Drei Hotels bieten Urlaub ohne WLAN an

Umkehren
Was können Urlauber in XY erleben, wenn sie gar nicht Ostern feiern wollen?

Porträt eines Osterverweigerers in Gemeinde XY

Kombinieren
Die Geschichte »Ein Ei erzählt …« ist eine Geschichte mit offenem Ende, die alle Leser im Internet weiterschreiben können

Transformieren
Osterfeuer malen – Malschule
Musik zum Osterfeuer selbst komponieren
Der lokale Fernsehsender hat lustige Oster-Slapsticks zusammengestellt

Nummer 16: Die 635-Methode

6 Teilnehmer generieren in 5 Minuten jeweils 3 Ideen – ergibt 108 Ideen in 30 Minuten.

Kopieren Sie diese Vorlage 6-mal: Jeder Teilnehmer erhält ein Blatt – nach 5 Minuten geht das Blatt zum nächsten Teilnehmer, bis alle 6 mit allen Kästchen ausgefüllt sind.

Nummer 17: Die 635-Methode

Beispiel: Was kann man tun, wenn man dem Weihnachtsstress entkommen möchte?

Verreisen	Niemanden einladen	Keine Einladung annehmen
Allen sagen, man sei krank und ansteckend	Nicht kochen und Plätzchen backen. Heiligabend Pizza bestellen	Nicht in die Stadt fahren, damit man keine Weihnachtslieder hört
An Heiligabend mit Freunden einen Pokerabend veranstalten	5 Bücher kaufen oder downloaden und eine Woche lesen	Dorthin fahren, wo aus religiösen Gründen Weihnachten nicht gefeiert wird
Eine Woche in der Suppenküche helfen	Keine Geschenke kaufen	Alle Verwandte und Freunde informieren, dass in diesem Jahr kein Besuch zu erwarten ist – stattdessen im Oktober eine nette Karte schreiben
Keine Weihnachtskarten schreiben	Vorgedruckte, nicht personalisierte Weihnachts-E-Mails verschicken	Keine Weihnachtsdeko aufhängen, nur TV im Streamingdienst gucken, damit man keine Weihnachtsfilme sehen muss
Online-Yoga-Retreat unter Palmen für eine Woche	Wohnungstausch machen mit einer Familie, die ein einsames Landhaus hat – weit weg vom Trubel	Wohnung putzen statt Frühjahrsputz – Weihnachtsputz machen

Zum Weiterlesen, Schmökern und Sich-anregen-Lassen zu eigener Kreativität

David Eagleman & Anthony Brand, *Kreativität: Wie unser Denken die Welt immer wieder neu erschafft.* München: Siedler Verlag, 2017. Geschrieben von David Eagleman (Neurowissenschaftler) in Zusammenarbeit mit dem Musiker Anthony Brandt untersucht dieses Buch die Rolle der Kreativität in der Evolution und Entwicklung der Menschheit.

Elizabeth Gilbert, *Big Magic: Creative Living Beyond Fear.* New York City: Riverhead Books, 2015. Die Autorin von *Eat Pray Love* teilt ihre Erkenntnisse über Kreativität und ermutigt dazu, mutig und inspiriert zu leben.

Amishi P. Jha, *Peak Mind: In nur zwölf Minuten am Tag zu mehr Konzentration und Aufmerksamkeit.* München: Redline Verlag, 2022. Aufmerksamkeitstraining als Voraussetzung und Hilfe für kreatives Denken.

Bernhard Wolff, *Titel bitte selbst ausdenken: 157,5 erfolgreiche Ideenbeschleuniger (Dein Erfolg).* Offenbach: Gabal Verlag, 2016. Lesenswert auch von Wolff: *Denken hilft: Frische Ideen für Gedächtnis und Kreativität.* München: Heyne Verlag, 2009.

Charles Duhigg, *Die kreative Macht der Gewohnheit: Warum wir tun, was wir tun.* München: Piper, 2013. Duhigg erforscht die Wissenschaft der Gewohnheiten, und wie sie die Kreativität beeinflussen können.

Mihaly Csikszentmihalyi, *Kreativität. Wie unser Denken die Welt immer wieder neu erschafft.* München: Siedler Verlag, 2018. Der Autor erforscht den Prozess der kreativen Entfaltung, und wie man in einen Zustand tiefer Konzentration und Freude eintauchen kann.

Austin Kleon, *Steal Like an Artist: 10 Things Nobody Told You About Being Creative.* New York: Workman Publishing Company, 2022. Ein kurzweiliges Buch, das kreative Denkanstöße bietet und dazu ermutigt, sich von anderen inspirieren zu lassen.

Austin Kleon, *Show Your Work!: 10 Wege, auf sich aufmerksam zu machen.* München: Mosaik, 2016. Kleon macht hier weiter, wo der Bestseller *Steal Like an Artist* aufhört, und gibt Tipps, wie man seine kreativen Arbeiten teilt und sichtbar macht.

Julia Cameron, *Der Weg des Künstlers: Ein spiritueller Pfad zur Aktivierung unserer Kreativität.* München: Knaur MensSana, 2009. Ein Arbeitsbuch, das dazu ermutigt, die kreative Energie zu entfesseln und Hindernisse zu überwinden, aber auch was notwendig ist an Zeit und Alltagsgestalt – Kreativität muss man sich erarbeiten und man muss sich dafür die notwendige Zeit einräumen.

Timothy Ferriss, *Die 4-Stunden-Woche: Mehr Zeit, mehr Geld, mehr Leben.* München: Ullstein Verlag, 2022. Ferriss bietet Ansätze, wie man effizienter arbeiten kann, um mehr Zeit für kreative Projekte zu haben.

Carol S. Dweck, *Mindset: Wie wir mit unserer Denkweise unser Leben gestalten.* Nicht speziell über Kreativität, erforscht dieses Buch, wie unsere Denkweise unser Verhalten beeinflusst, was für kreative Prozesse hoch relevant ist.

Ed Catmull, *Die Kreativitäts-AG: Wie man die unsichtbaren Kräfte überwindet, die im Weg stehen, wenn man kreativ sein will.* München: Hanser Verlag, 2014. Der Mitbegründer von Pixar teilt seine Erfahrungen und Erkenntnisse über die Förderung einer kreativen Unternehmenskultur.

Matt Richtel, *Inspired: Understanding Creativity: A Journey Through Art, Science, and the Soul.* Boston: Harper Verlag, 2022. Eine spannende Reise in das, was Kreativität ausmacht.

Pam Grout, *Entfessle deine Kreativität: 52 Projekte für ein kreatives Leben*, München: Irisiana, 2017.

Scott Barry Kaufman, *Wired to Create: Unraveling the Mysteries of the Creative Mind.* New York City: Penguin Publishing Group, 2016. Psychologische und Neurowissenschaftliche Erkenntnis rund um das Thema Kreativität.

Adam Grant, *Think Again – Die Kraft des flexiblen Denkens: Was wir gewinnen, wenn wir unsere Pläne umschmeißen*, München: Piper Verlag, 2024. Manchmal ist es besser, alte und neue Ideen nochmal zu durchdenken, um vor Verfälschungen und Täuschungen des Gehirns selbst geschützt zu werden.

Katharina Boguslawski, *Dein kreativer Avatar: Wie du innovative Ideen generierst und andere von ihnen überzeugst*. Self-published, 2021.

Bas Kast, *Plötzlich macht es Klick! Das Handwerk der Kreativität oder wie die guten Ideen in den Kopf kommen.* Frankfurt am Main: S. Fischer Verlag, 2015.

Michael Luther, *Das große Handbuch der Kreativitätsmethoden: Wie Sie in vier Schritten mit Pfiff und Methode Ihre Problemlösungskompetenz entwickeln und zum Ideen-Profi werden*. Bonn: managerSeminare Verlags GmbH, 2013.

Petra Hennrich, *Brainstorming for One: 50 Werkzeuge und Übungen für Ihre Kreativität.* Paderborn: Junfermann Verlag, 2013.

Matthias Nöllke, *Kreativitätstechniken.* Freiburg: Haufe Lexware, 2010.

Claudia Bayerl, *30 Minuten für Kreativitätstechniken*. Offenbach: Gabal Verlag, 2005.

Samul W. Franklin, *The Cult of Creativity: A Surprisingly Recent History*. Chicago: University of Chicago Press, 2023. Ein kritischer Blick auf eine inhaltsleere Fokussierung auf Kreativität, als »die« alleinige, heilsbringende menschliche Denktätigkeit.

Jonah Lehrer, *Imagine. Wie das kreative Gehirn funktioniert*. München: C.H. Beck, 2014.

Diese Liste ist keineswegs abschließend, es gibt noch viele andere großartige Bücher über Kreativität. Es kann auch hilfreich sein, Bücher aus verschiedenen Perspektiven zu lesen, um ein umfassenderes Verständnis zu entwickeln.

Fachliteratur zu Kapitel 2 Verstehen

Beaty, R. E. et al. Robust. *prediction of individual creative ability from brain functional connectivity.* Proc. Natl Acad. Sci. USA 115, 1087–1092 (2018).

Beaty, R. E., Benedek, M., Barry Kaufman, S. & Silvia, P. J. *Default and executive network coupling supports creative idea production.* Sci. Rep. 5, 10964 (2015)

Beda, Z. & Smith, S. M. Chasing. *red herrings: memory of distractors causes fixation in creative problem solving.* Mem. Cognit. 46, 671–684 (2018).

Bendetowicz, D., Urbanski, M., Aichelburg, C., Levy, R. & Volle, E. *Brain morphometry predicts individual creative potential and the ability to combine remote ideas.* Cortex 86, 216–229 (2017).

Benedek, M. & Fink, A. *Toward a neurocognitive framework of creative cognition: the role of memory, attention, and cognitive control.* Curr. Opin. Behav. Sci. 27, 116–122 (2019).

Benedek, M., Beaty, R.E., Schacter, D.L. et al. *The role of memory in creative ideation.* Nat Rev Psychol 2, 246–257 (2023)

Chrysikou, E. G. in *The Cambridge Handbook of the Neuroscience of Creativity* (eds Jung, R. E. & Vartanian, O.) 299–317 (Cambridge Univ. Press, 2018).

Forgeard, M. J. C. & Kaufman, J. C. *Who cares about imagination, creativity, and innovation, and why? A review.* Psychol. Aesthet. Creat. Arts 10, 250–269 (2016).

Frith, E. et al. *Intelligence and creativity share a common cognitive and neural basis.* J. Exp. Psychol. Gen. 150, 609–632 (2021).

Hart, Y. et al. *Creative exploration as a scale-invariant search on a meaning landscape.* Nat. Commun. 9, 5411 (2018).

Huang, F., Tang, S., Sun, P. & Luo, J. *Neural correlates of novelty and appropriateness processing in externally induced constraint relaxation.* Neuroimage 172, 381–389 (2018).

Kenett, Y. N. & Faust, M. *A semantic network cartography of the creative mind. Trends Cogn.* Sci. 23, 271–274 (2019).

Kenett, Y. N. et al. *Flexibility of thought in high creative individuals represented by percolation analysis.* Proc. Natl Acad. Sci. USA 115, 867–872 (2018).

Kleinmintz, O. M., Ivancovsky, T. & Shamay-Tsoory, S. G. *The two-fold model of creativity: the neural underpinnings of the generation and evaluation of creative ideas.* Curr. Opin. Behav. Sci. 27, 131–138 (2019).

Kounios, J. & Beeman, M. *The cognitive neuroscience of insight.* Annu. Rev. Psychol. 65, 71–93 (2014).

Ovando-Tellez, M. et al. *Brain connectivity-based prediction of real-life creativity is mediated by semantic memory structure.* Sci. Adv. 8, eabl4294 (2022).

Plucker, J. A., Makel, M. C. & Qian, M. in *The Cambridge Handbook of Creativity* (eds Kaufman, J. C. & Sternberg, R. J.) 44–68 (Cambridge Univ. Press, 2019).

Ren, J. et al. *Functional lateralization of the medial temporal lobe in novel associative processing during creativity evaluation.* Cereb. Cortex 33, 1186–1206 (2023).

Shofty, B. et al. *The default network is causally linked to creative thinking.* Mol. Psychiatry 27, 1848–1854 (2022).

Sawyer, R. K., Henriksen, D. *Explaining Creativity: The Science of Human Innovation*, Oxford University Press Inc; 3. Edition (2024).

Smallwood, J. et al. *The default mode network in cognition: a topographical perspective.* Nat. Rev. Neurosci. 22, 503–513 (2021).

Thakral, P. P., Madore, K. P., Kalinowski, S. E. & Schacter, D. L. *Modulation of hippocampal brain networks produces changes in episodic simulation and divergent thinking.* Proc. Natl Acad. Sci. USA 117, 12729–12740 (2020).

Vartanian, O. et al. *Structural correlates of openness and intellect: implications for the contribution of personality to creativity.* Hum. Brain Mapp. 39, 2987–2996 (2018).

Weisberg, R. W. *Rethinking Creativity: Inside-the-Box Thinking as the Basis for Innovation* (Cambridge Univ. Press, 2020).

Rechtenachweis

S. 16: Das Gedicht »Angst und Zweifel« von Erich Fried stammt aus: *Gegengift. 49 Gedichte und ein Zyklus*. Verlag Klaus Wagenbach, 1974.

S. 107: https://www.geo.de/magazine/geo-kompakt/15836-rtkl-big-five-modell-fuenf-charakterzuege-die-jeder-hat-so-entschluesseln; © GEO Kompakt

S. 138/139: Die beiden Übungen sind aus: Dr. Sophie Mort: *Anleitung für dein Leben*. Penguin Verlag, 2022.